変化する
中国の小売業

小売業態の発展プロセス

楊 陽
Yang Yang

The Changing Retail Formats in China

専修大学出版局

はじめに

　本書は、急速に発展し進化する中国の小売業に焦点を当て、とくに小売業態がどのように市場に導入され、いかなる要因によって成長し、さらに多様化していくのかという一連の過程を分析しながら、これまで十分に解明されていない業態多様化のメカニズムについて研究したものである。現在、小売業態の研究は、中国の小売業研究にとって、重要性が高まっていながら、研究蓄積が不足している分野であり、理論面だけでなく、実務面でもいっそうの検討や実証が求められている。

　近年、成長の著しい中国市場には国際的な注目が集まっている。1992年の経済改革・対外開放政策の実施により、経済が急成長し、流通業の環境には激しい変化がもたらされた。小売業の対外開放が始まり、海外の大手小売企業が相次ぎ中国市場に進出し、国内小売企業や商品サプライヤーとしてのメーカーはそれによって改革の刺激を受け、中国小売業の近代化が実現されるようになった。しかも、中国市場における小売業の各業態の発展の特徴は、欧米のように段階的に各業態が順次発展するのとは異なり、政府主導により各業態が短期間で、ほぼ同時に中国市場に導入され成長し、小売業態の多様化が加速している。このことは、中国では、外資系小売企業の進出が続き、巨大小売企業間の競争が世界的な規模で展開されるようになっている。そのため国際的な視野からの中国における小売業の発展と小売業態の理論的な研究の必要性が強まっている。

　本書の特徴は、既存の小売業態仮説を批判的に検討し、さらには複数の小売企業の事例研究を通して、これまで明示的に解明されることのなかった業態多様化に影響する規定要因を明確にし、業態多様化の分析フレームワークを構築している。全体で8の章から構成される。前半（第1章から第4章）は小売業態に関する先行研究の問題点の検討、および改革開放政策・WTO加盟など行政の果たした役割から小売業態の発展を歴史的に検証している。後半（第5章から終章）は中国の消費動向の分析を踏まえ、消費者アンケート調査ならびに

経営者インタビューから小売業態多様化の推進過程を解明している。

第1章では、小売業に関する先行研究をベースに、これまで曖昧に使用されてきた小売業態の概念、さらに小売業態の多様化の発生を引き起こす要因についての理論的検討を行っている。そこでは、小売業態の捉え方がマクロの小売構造研究とミクロの小売ミックス研究に分離している問題点を指摘している。

第2章では、中国市場の変化をマクロ環境やミクロ環境から明らかにし、WTO加盟以前と以後を軸にして、政府の行政介入による外資系小売企業の選別的導入とそれによる国内小売市場の発展、および小売企業における小売業態の多様化の動向について解明している。

第3章では、主に中国政府の行政介入と経済発展の関係を明らかにしている。1992年の経済改革・開放政策の実施から現在に至り、小売業に関してなぜ、またどのように行政介入が行われ、いかなる影響を及ぼしているのかについて考察する。その中に、中国経済に重要な影響を与えたWTO加盟について、その加盟の背景と意義を検討し、またWTO加盟による小売業態の変化などを解明する。

第4章では、中国での消費市場の発展と需要の変化を多数の統計資料やデータを駆使して明らかにし、行政介入、消費構造、中間消費層の増加、消費需要の変化という4つの視点から小売業態の多様化が推進される背景を明らかにしている。

第5章は第4章の消費動向を消費者行動から検証するため、北京市の消費者に焦点を当て、アンケート調査を行った。消費者は小売業態をどのように利用しているか、さらに利用する小売業態に対する満足度を明らかにしている。

第6章では、中国市場で事業を展開する外資系小売企業の発展過程を歴史的に検証し、これまで先行研究ではあまり取り組んでこなかった、とくに参入後の行動に注目し、その特徴を解明している。

第7章では、5つの代表的な小売企業の事例から、先行研究や店舗視察だけでなく、主に経営者へのインタビュー調査を通して小売企業の業態がどのように多様化するのかについて明らかにしている。

終章では、本研究の内容的な総括として小売業態の多様化に影響を与える要因についてマクロとミクロの要因を統合的に把握する上で必要なフレームワー

クを提示し、まとめとして本書の研究成果や意義について論じている。

　本書を執筆するにあたっては、多くの方々にご指導ならびにご支援を頂きました。

　まず、修士課程から博士課程修了まで6年間に渡り、私を指導してくださった田口冬樹教授に深く感謝を申し上げます。先生には常日頃から学問はもとより、多岐に渡って大変温かいご指導を賜りました。田口先生の常に適切なアドバイスのお陰で、何回も挫折しそうになる私の研究生活が救われました。常に10年先の自分、10年先の研究生活を想像しながら行動することの大切さを教わりました。先生から教わった知識、人生観、価値観を一生の宝物にしたいと考えております。改めて心より深く感謝を申し上げます。

　また、修士時代から経営学に関して、様々な知識を教えて下さった専修大学の廣石忠司教授、石崎徹教授、笠原伸一郎教授、金成洙教授、蔡틴錫教授、田中稔教授、宇佐美嘉弘准教授、橋田洋一郎准教授、大阪商業大学・商学科の中嶋嘉孝准教授に厚く御礼を申し上げます。

　本書のためにヒアリング調査にご協力くださった「三菱UFJリサーチ＆コンサルティング株式会社　恩田達紀氏」、「ラオックス株式会社　羅怡文氏」、「ラオックス中国　何海峰氏」、「イオン華南商業有限公司　八田将行氏」、「イオンリテール株式会社　服部春樹氏」、「イオン北京国際商城　廣橋義徳氏」、「株式会社平和堂　古川幸一氏」、「上海日清食品有限公司　福岡聖氏、小野博史氏」、「ヤマト（中国）運輸有限公司　西川龍慶氏、山本真志氏」、「ヤマト運輸株式会社　小泉輝政氏」、「カルフール中国　冷怡佳氏」、「ウォルマート中国　郭治国氏」に御礼を申し上げます。ご多忙の中、貴重な時間をインタビュー調査のために割いてくださり、様々な事柄を教えて頂き、本書において、非常に有意義な事例研究を行うことができました。この場を借りて、厚く御礼申し上げます。

　本書は平成26年度専修大学課程博士論文刊行助成を受けたものであり、このような機会を提供してくださった専修大学に謝意を申し上げます。また本書の出版にあたり、筆者を励まし続けてくださった専修大学出版局の笹岡五郎氏に厚く御礼を申し上げます。

最後に、いつも協力を惜しまず筆者を支え応援してくれた両親に感謝しています。両親は金銭的な援助だけでなく、研究活動や大学の仕事、企業講師の仕事で帰省できず、親孝行ができないことを理解し、いつも温かい気持ちで見守り勇気づけてくれています。心から感謝しています。
　この本を一生愛する両親に捧げます。

　　　2015年1月吉日

　　　　　　　　　　　　　　　　　　　　　　　　　　　　楊　　陽

[目　次]

はじめに

第1章　小売業態に関する理論⋯⋯⋯⋯⋯⋯⋯⋯⋯⋯⋯⋯⋯⋯⋯⋯⋯1
1．小売業態とは何か ⋯⋯⋯⋯⋯⋯⋯⋯⋯⋯⋯⋯⋯⋯⋯⋯⋯⋯⋯⋯1
2．小売業態論に関する議論 ⋯⋯⋯⋯⋯⋯⋯⋯⋯⋯⋯⋯⋯⋯⋯⋯⋯5
　　2-1　小売業態の多様化 ⋯⋯⋯⋯⋯⋯⋯⋯⋯⋯⋯⋯⋯⋯⋯⋯5
　　2-2　先行研究における業態の研究 ⋯⋯⋯⋯⋯⋯⋯⋯⋯⋯⋯7
3．主要な小売業態に関する理論仮説 ⋯⋯⋯⋯⋯⋯⋯⋯⋯⋯⋯⋯8
　　3-1　理論仮説のレビュー ⋯⋯⋯⋯⋯⋯⋯⋯⋯⋯⋯⋯⋯⋯9
　　3-2　これまでの理論の問題点 ⋯⋯⋯⋯⋯⋯⋯⋯⋯⋯⋯⋯17
4．近年の研究動向 ⋯⋯⋯⋯⋯⋯⋯⋯⋯⋯⋯⋯⋯⋯⋯⋯⋯⋯⋯20
　　4-1　矢作敏行氏の小売イノベーション・モデル論 ⋯⋯⋯20
　　4-2　ビッグ・ミドル ⋯⋯⋯⋯⋯⋯⋯⋯⋯⋯⋯⋯⋯⋯⋯21
　　4-3　田村正紀氏の業態盛衰モデル ⋯⋯⋯⋯⋯⋯⋯⋯⋯22
5．企業の組織能力 ⋯⋯⋯⋯⋯⋯⋯⋯⋯⋯⋯⋯⋯⋯⋯⋯⋯⋯⋯24
6．まとめ ⋯⋯⋯⋯⋯⋯⋯⋯⋯⋯⋯⋯⋯⋯⋯⋯⋯⋯⋯⋯⋯⋯⋯25

第2章　中国市場における小売業の発展過程⋯⋯⋯⋯⋯⋯⋯⋯29
1．中国市場における小売環境の変化 ⋯⋯⋯⋯⋯⋯⋯⋯⋯⋯⋯29
　　1-1　マクロ環境の変化 ⋯⋯⋯⋯⋯⋯⋯⋯⋯⋯⋯⋯⋯⋯30
　　1-2　ミクロ環境の変化 ⋯⋯⋯⋯⋯⋯⋯⋯⋯⋯⋯⋯⋯⋯34
2．中国小売市場の概況 ⋯⋯⋯⋯⋯⋯⋯⋯⋯⋯⋯⋯⋯⋯⋯⋯⋯36
　　2-1　市場規模の拡大 ⋯⋯⋯⋯⋯⋯⋯⋯⋯⋯⋯⋯⋯⋯⋯36
　　2-2　小売業態の概況 ⋯⋯⋯⋯⋯⋯⋯⋯⋯⋯⋯⋯⋯⋯⋯37
3．外資系小売企業の中国進出 ⋯⋯⋯⋯⋯⋯⋯⋯⋯⋯⋯⋯⋯⋯38

3-1　進出の概況 ……………………………………………………39
　　3-2　外資系小売企業の参入による小売業態へのインパクト ………40
　4．中国市場における小売業の主要業態 ………………………………42
　　4-1　百貨店 ……………………………………………………………42
　　4-2　総合スーパーとスーパーマーケット …………………………44
　　4-3　ショッピングセンター …………………………………………45
　5．まとめ …………………………………………………………………46

第3章　中国市場における行政介入の変遷 …………………………49
　1．中国小売市場の対外開放の流れ ……………………………………49
　　1-1　「計画経済期以前」時期（1949〜1952）………………………50
　　1-2　「計画経済期」時期（1953〜1977）……………………………51
　　1-3　「経済改革・対外開放」時期（1978〜1992）…………………51
　　1-4　「漸進的開放」時期（1992〜1997）……………………………52
　　1-5　「整理整頓」時期（1997〜1999）………………………………53
　　1-6　「原則的な全面的開放」時期（1999〜2001）…………………54
　　1-7　「WTO加盟後」時期（2001〜現在）…………………………54
　2．政府の行政介入による業態の選択と発展プロセス ………………56
　　2-1　テスト時期（1992〜1995）………………………………………57
　　2-2　適応・調整時期（1995〜2001）…………………………………57
　　2-3　発展時期（2001〜2004）…………………………………………58
　　2-4　拡張時期（2005〜2007）…………………………………………60
　　2-5　競争時期（2007〜現在）…………………………………………60
　3．まとめ …………………………………………………………………63

第4章　中国市場における消費需要の変化 …………………………67
　1．行政介入と消費社会の変化 …………………………………………67

  1-1 経済改革・開放政策実施以前の消費社会 …………………………67
  1-2 経済改革・開放政策実施による消費社会の変化 ………………68
 2．消費構造の変化 ……………………………………………………………69
  2-1 「衣」の変化 ……………………………………………………69
  2-2 「食」の変化 ……………………………………………………69
  2-3 「住」の変化 ……………………………………………………71
  2-4 「行」の変化 ……………………………………………………72
 3．人口移動・変動による消費の変化 ………………………………………75
  3-1 格差問題 …………………………………………………………76
  3-2 家族構成の変化 …………………………………………………80
 4．中間消費層の形成 …………………………………………………………83
 5．まとめ ………………………………………………………………………85

第5章 北京市場の消費者調査 ……………………………………………89
 1．アンケート調査の概要 ……………………………………………………89
  1-1 アンケートの構成 ………………………………………………89
  1-2 研究対象地域の選定 ……………………………………………90
 2．回答者の個人属性 …………………………………………………………91
 3．各消費層による業態への評価 ……………………………………………91
  3-1 消費者全体の総合的な評価 ……………………………………91
  3-2 低所得層 …………………………………………………………95
  3-3 中間所得層 ………………………………………………………97
  3-4 高所得層 …………………………………………………………99
 4．主要業態への評価 …………………………………………………………101
  4-1 総合スーパーへの評価 …………………………………………102
  4-2 スーパーマーケットへの評価 …………………………………103
 5．まとめ ………………………………………………………………………104

第6章　中国市場における小売業の競争⋯⋯⋯⋯⋯⋯⋯⋯⋯⋯⋯107
1．外資系小売企業の中国展開⋯⋯⋯⋯⋯⋯⋯⋯⋯⋯⋯⋯⋯⋯⋯107
　　1-1　参入の現状⋯⋯⋯⋯⋯⋯⋯⋯⋯⋯⋯⋯⋯⋯⋯⋯⋯⋯107
　　1-2　参入方式の変化⋯⋯⋯⋯⋯⋯⋯⋯⋯⋯⋯⋯⋯⋯⋯⋯110
　　1-3　展開業態の傾向⋯⋯⋯⋯⋯⋯⋯⋯⋯⋯⋯⋯⋯⋯⋯⋯114
　　1-4　出店地域の変化⋯⋯⋯⋯⋯⋯⋯⋯⋯⋯⋯⋯⋯⋯⋯⋯114
2．国内小売企業の発展⋯⋯⋯⋯⋯⋯⋯⋯⋯⋯⋯⋯⋯⋯⋯⋯⋯115
　　2-1　流通業開放以前の国内小売企業⋯⋯⋯⋯⋯⋯⋯⋯⋯⋯115
　　2-2　外資参入から刺激を受ける国内小売企業⋯⋯⋯⋯⋯⋯118
3．各業態の発展の特徴⋯⋯⋯⋯⋯⋯⋯⋯⋯⋯⋯⋯⋯⋯⋯⋯⋯121
　　3-1　百貨店⋯⋯⋯⋯⋯⋯⋯⋯⋯⋯⋯⋯⋯⋯⋯⋯⋯⋯⋯⋯121
　　3-2　総合スーパー、スーパーマーケット⋯⋯⋯⋯⋯⋯⋯⋯123
　　3-3　専門店⋯⋯⋯⋯⋯⋯⋯⋯⋯⋯⋯⋯⋯⋯⋯⋯⋯⋯⋯⋯123
　　3-4　コンビニエンスストア⋯⋯⋯⋯⋯⋯⋯⋯⋯⋯⋯⋯⋯⋯123
　　3-5　ショッピングセンター⋯⋯⋯⋯⋯⋯⋯⋯⋯⋯⋯⋯⋯⋯124
　　3-6　ホームセンター⋯⋯⋯⋯⋯⋯⋯⋯⋯⋯⋯⋯⋯⋯⋯⋯124
　　3-7　会員制ホールセールクラブ⋯⋯⋯⋯⋯⋯⋯⋯⋯⋯⋯⋯124
4．まとめ⋯⋯⋯⋯⋯⋯⋯⋯⋯⋯⋯⋯⋯⋯⋯⋯⋯⋯⋯⋯⋯⋯⋯125

第7章　中国市場に参入する小売企業の展開と現状⋯⋯⋯⋯⋯127
1．中国市場における小売企業の発展状況⋯⋯⋯⋯⋯⋯⋯⋯⋯⋯127
2．百聯集団⋯⋯⋯⋯⋯⋯⋯⋯⋯⋯⋯⋯⋯⋯⋯⋯⋯⋯⋯⋯⋯⋯129
　　2-1　百聯集団の概況⋯⋯⋯⋯⋯⋯⋯⋯⋯⋯⋯⋯⋯⋯⋯⋯129
　　2-2　傘下企業の代表―聯華超市⋯⋯⋯⋯⋯⋯⋯⋯⋯⋯⋯⋯130
3．カルフール⋯⋯⋯⋯⋯⋯⋯⋯⋯⋯⋯⋯⋯⋯⋯⋯⋯⋯⋯⋯⋯132
　　3-1　カルフールの概況⋯⋯⋯⋯⋯⋯⋯⋯⋯⋯⋯⋯⋯⋯⋯⋯132
　　3-2　中国市場への進出経緯⋯⋯⋯⋯⋯⋯⋯⋯⋯⋯⋯⋯⋯⋯132

3-3　中国での事業展開 …………………………………………133
　4．イオン ……………………………………………………………138
　　4-1　イオンの概況 ………………………………………………138
　　4-2　中国進出の経緯 ……………………………………………139
　　4-3　中国での事業展開 …………………………………………140
　5．平和堂 ……………………………………………………………142
　　5-1　平和堂の概況 ………………………………………………142
　　5-2　中国市場への進出経緯 ……………………………………143
　　5-3　中国での事業展開 …………………………………………145
　6．ラオックス ………………………………………………………147
　　6-1　ラオックスの概況 …………………………………………147
　　6-2　中国市場への進出経緯 ……………………………………148
　　6-3　中国での事業展開 …………………………………………149
　7．まとめ ……………………………………………………………151

終章 ……………………………………………………………………161
　1．まとめ ……………………………………………………………161
　2．本書の貢献 ………………………………………………………170
　3．小売企業の経営に関する示唆 …………………………………172
　4．今後の課題 ………………………………………………………173

参考文献…………………………………………………………………177

付録1．主要都市出店規制 ……………………………………………185
付録2．アンケート用紙 ………………………………………………188
付録3．2012年中国小売企業ランキング ……………………………191

本書における略語リスト

略語	英語	日本語
CE	Consumer Electronics	家電量販店
CVS	Convenience Store	コンビニエンスストア
DP	Department Store	百貨店
DgS	Drug Store	ドラッグストア
DS	Discount Store	ディスカウントストア
EC	Electronic Commerce	インターネットショッピング
FS	Fast Food Shop	ファーストフード・ショップ
GMS	General Merchandise Store	総合スーパー
HC	Home Center	ホームセンター
HM	Hypermarket	ハイパーマーケット
SC	Shopping Center	ショッピングセンター
SM	Supermarket	スーパーマーケット
SS	Specialty Store	専門店
WHC	Warehouse Club	ウェアハウスクラブ

注：本書においては、以上のような小売業態を略語で表記する。

第1章　小売業態に関する理論

1．小売業態とは何か

　21世紀に入り、経済や経営のグローバリゼーションが進行するとともに、小売業においても国際化が進展するようになってきた。また、IT産業の発達をはじめとする情報化の進行や物流技術の発展は、小売業における業態の発展や多様化を一層活発化してきた。

　小売業態に関する研究の起点としては、McNair, M. P. の「小売の輪」論に始まり、百貨店やスーパーマーケットなどの同業態の企業群を分析単位とする小売業態論が中心的に取り上げられてきた（高嶋，西村，2010）。近年、業態に関する研究が進んでおり、理論の蓄積も豊富になっているとはいえ、小売業態という用語に関しては、これまで曖昧に使用されており、営業形態の略称、業種を含む概念、あるいはより広い解釈として経営形態や企業形態を含む概念などの見解も存在しており、統一された定義や見解は存在していないといえる（田口，2001）。ここでは、まず小売業態の定義に関する先行研究を検討し、業態概念のコンテクストを確認する。

　日本では、1960年代後半から、業態（format）[1]という用語がクローズアップされ、重視されるようになったが、多少混乱して使用されていた。小売「業態」

は「営業形態」の略語から生まれた言葉であるといわれている[2]。百貨店・専門店などの営業形態と呼ばれる「業態」は、八百屋・魚屋・肉屋などの「営業種類」の略語である「業種」と区分するために使用されてきた。しかし、その後、生活協同組合（生協）、スーパーマーケット、コンビニエンスストアなどが次々登場し、業態概念に関する定義の曖昧さが批判されるようになった。

和田氏（1986）の見解によると、業態とは小売業において、標的とする消費者に小売サービスを提供する部分である。消費者へ訴求する面を中心にとらえた。三家氏（1989）によると、業態とは小売企業の営業のパターンである。小売企業の形態、つまり営業の仕組みが違う角度から解釈された。

Lewison（1997）は、業態について、小売業において細分化された市場の特定的なニーズに対して調整された部分であると定義し、小売サービスの面から検討した。Arrondo（2002）によると、業態とは買い物ニーズの同じ消費者のグループを標的として開発される部分である。上述した各定義の分析は、消費者の購買行動や市場細分化などの側面で業態を定義している。

田口氏（2004）は小売業態の定義に関しては、「特定の販売方法や営業方式によって発展する事業の行き方やとらえ方を業態と言う。営業形態の略語といわれており、流通業やサービス業で多く利用される概念である。小売業ではスーパーマーケット、コンビニエンスストア、ディスカウントストアなど業態としてとらえられ、特定の商品分野に限定されない品揃えで、品揃えの広狭、価格水準、セルフサービスの採用程度など戦略目標にもとづくマーケティング・ミックスの特徴から創造される」と捉えている。この概念では、小売業態は小売企業の販売方法や営業形態の違いによって生成されるという視点から捉えている。

田村氏（2008）は業態研究に関して、同一業態内における企業間の多様性を表すフォーマットの概念に注目し、「フォーマットとは、業態の分化した種々なかたちのことであり、企業の戦略行動を反映している。フォーマットは分化レベルで捉えられた業態である。」と定義しており、「フォーマットは業態の戦略的側面に焦点を合わせて、その業務展開のパターンを概念化しようとしたものである。」と主張している。またフォーマットを構成する要素について規定し（図表1-1を参照）、フォーマットをフロント・システムとバック・システ

図表1-1　フォーマットの基本要素

```
                    ┌─────────┐
                    │ 業態戦略 │
                    └────┬────┘
                         ↓
                    ┌─────────┐
            ┌───────│フォーマット│───────┐
            │       └─────────┘       │
┌───────────┴──────────┐   ┌──────────┴──────────────┐
│   フロント・システム    │   │    バック・システム       │
│ ・店舗ネットワークの構造 │   │ ・SCM（サプライチェーン・マネジメント）│
│    店舗数、店舗規模     │   │    情報技術              │
│ ・小売ミックス         │   │    ソーシング技術         │
│    典型的な立地パターン │ ← │    商品開発技術          │
│    取扱商品カテゴリ    │   │    物流技術              │
│    価格政策           │   │ ・店頭業務遂行技術        │
│    接客サービス方針    │   │    システム、手順方法など │
│    販促計画           │   │ ・組織構造・文化          │
│    基本的な店舗施設    │   │    知識、規範、ルールなど │
│    など               │   │                         │
└──────────────────────┘   └─────────────────────────┘
```

出所：田村正紀（2008）『業態の盛衰──現代流通の激流』千倉書房　P. 26

ムの2つの角度で捉えている。ここで検討される業態は「個別企業の独自戦略」と「グループ概念としての業態」の両面性を持っており、業態は小売ミックス要素の多様な組合せパターンによってその独自性が現れるが、企業間競争によって模倣され、当該業態は同質化する可能性がある。

　向山氏（2009）は業態が企業の戦略行動を反映した部分であると定義した。一般的かつ抽象的な業態の定義と区別するため、小売フォーミュラ（formula）という具体的な実在、そして考察可能な概念を提言した。小売フォーミュラとは、特定企業が本国、または進出先において、開発した具体的な形態であり、小売業態の特質を備えた小売業の形である。簡単に説明すると、業態とは、抽

象的に捉えながら、特定企業に当てはまり、実際に観察可能な小売業態の特性を備える小売業のことである。母国だけでなく、進出先を含む水準で、業態という概念を分析することは評価できる。

　以上のように、小売業態をめぐる幾つかの議論を通して、研究者の間で、小売業態が顧客ターゲットを意識した販売方法や営業方式を意味する概念であることはある程度共通しているが、その範囲や内容になると論者によって異なっている。業種に対して業態は供給サイドの条件だけでなく、需要サイドの顧客のニーズを反映させた販売方法を特徴としているが、顧客ターゲットをどのように取り込むかに関する共通の理解は得られていないし、供給サイドの販売を支えるフロント・システムに対して、調達を実現するバック・システムを業態の中に含めるか否かでも、十分な議論が進んでいない。

　こうした議論の中で、業態概念をより精緻化して把握する試みとして、業態をマクロレベルとして位置づけ、ミクロレベルでフォーマットやフォーミュラと表現して位置づける捉え方が行われてきたことは注目できる。これまで業態はマクロ概念としても、個別企業のミクロ概念として区分なく使用されてきたが、ミクロの業態がマクロの業態とどのような関係で影響し合うのかを整理する手がかりを提供している。たとえば、コンビニエンスストアという業態はマクロ的には特定の売り方を意味する業態であり、かつマクロ的にコンビニエンスストア業界を形成している。

　しかしその同じ業態を構成する個々のコンビニエンス企業の業態戦略は、セブンイレブンの業態戦略に対して、ローソンの業態戦略では、ナチュラルローソンやローソンストア100など異なったフォーミュラ・強調点で差異化をはかっている。このことは、コンビニエンスストアという業態は、長時間営業、特定の店舗面積、食料品のシェア、セルフサービス方式といった大枠の小売ミックスの共通性をベースに特徴的な販売方法を形成しているが、その業態内では個々の企業の戦略の強調点によって、女性客、健康、低価格、鮮度などさまざまな顧客の生活のテーマを取り込んだ企業間で強調点の異なった業態が生み出され、それが全体のコンビニエンスストア業界の発展に影響するようになっている。

　従って、ここでは小売業態を、共通の小売ミックスを使用する特定の戦略グ

ループと定義することも可能である。M. E. ポーターによると、戦略グループとは、「各戦略次元上で同じか、あるいは類似の戦略をとっている企業のグループ」と捉えている[3]。このような捉え方を小売業界に当てはめると、小売業態は、共通の小売ミックスに基づいて類似の販売方法を実現している企業のグループということができる。

上述した業態の定義に関する研究によると、小売業態は主に需要サイトのニーズや変化を反映した形で、企業組織からマーケティングミックスの対応の側面で捉えていると理解することができる。

2．小売業態論に関する議論

小売業態論は、小売業の歴史において、革新をベースに小売業態の生成・発展に関するメカニズムを解明する理論考察といえる。これまで小売業態に関する研究は、小売業態が「なぜ革新する必要があるのか」、「どのような条件により生成・発展し、やがて他の小売業態に支配的な地位を奪われるのか」、また「このようなサイクルがどのようなパターンで変化していくのか」などを中心に検討されてきた。

2-1 小売業態の多様化

業態に関する様々な議論が存在しており、その中で、多くの理論仮説は歴史的に見て欧米市場で誕生した各業態を中心に分析されており、業態の生成・展開を巡り、業態を抽象的なイメージとして捉えている。むしろ、業態を捉える際に、抽象的なイメージではなく、より現実的な次元で捉えるべきである。

これまで流通業界においては、様々な小売業態が開発されてきた。では、なぜこれほど多くの小売業態が開発されなければならなかったか。

まず、市場レベルからみると、近代の消費社会においては、消費者のニーズが多様化・個性化・高質化し、小売業態間での競争が激化している。

小売業の業態は、販売・経営方法によって、どのように販売するかで分類されている。例えば、日本の業態別統計で分類されたのは「百貨店」、「総合スーパー」、「専門スーパー」、「コンビニエンスストア」、「ドラッグストア」、「その

他のスーパー」、「専門店」、「中心店」、「その他の小売店」の9つである。

　このような多様な小売業態は同時に現れてきた訳ではない。1950年代には百貨店と多数の零細小売店が共存する二極化構造を形成しており、業態と呼べるのは百貨店であった。その後の1960年代から、スーパーマーケットが市場に導入され成長し、総合スーパーも登場するようになった。また1970年代後半から消費者の嗜好や欲求が特化し、「ファッション衣料品」、「メガネ」はもちろん、コンビニエンスストア、ホームセンターなどのような専門化されたサービスを提供する業態が出現するようになった。1980年代以降、専門化された業態の成長が著しくなっている。小売競争の構造は多様な小売業態間競争の時代に入ったといえるであろう[4]。

　一つの業態はターゲットとなる顧客層が絞られており、またその業態の品揃えや販売方式などがすべての消費者ニーズに対応しきれない。人口変動、消費者のライフスタイルの変化、購買行動の多様化に対応するために、多くの業態が開発されてきた。

　このような多様な小売業態が市場に現れるのは、消費者行動によって大きく影響を受けているためと考えられる。消費者ニーズの個性化・多様化によって、ライフスタイルや購買方式が変化するようになる一方、それに対応するために、小売企業は販売方式を変化させることで、多様な商品やサービスの提供方法が現れるようになってきたといえる。

　企業レベルから見ると、小売業態は小売企業の営業形態であり、その管理面、仕入れ、販売などが異なることによって、各業態が異なるということである。すなわち、新しい小売ミックスによって、新業態が生成するようになる。組織上では、マネジメントやマーチャンダイジングが異なることにより、意思決定のプロセスなども異なってくる。このような違いによって、企業戦略が各業態を構成する戦略グループを示すことになる。一種類の業態が様々な消費者ニーズをカバーすることは難しく、消費者ニーズの多様化や企業間の競争・差別化行動による多様性の出現などによって、小売企業は一つの業態に依存するのではなく、多業態で展開する必要が生まれる。また、企業存続のためのみでなく、新業態の開発は企業の競争優位を高めることができる。未開発の業態のイノベーターになることで、先発優位性で利益が得られ、その業態群においてはトッ

プ企業になるチャンスが高まる可能性がある。新業態の開発は自社の市場におけるポジションを見直し、新規顧客を獲得し、競合他社と差別化できるなどのメリットがある。企業が採用する業態は、企業自体（組織・意思決定・企業戦略）によっても規定される[5]。

また、社会環境から見れば、急速に成長している市場ほど業態の多様化が進んでいることが考えられる。異なる国の市場においては、中国やインドのように、欧米先進国とは小売業に関する規制が異なっており、消費需要が多様化し、企業間の競争が激しくなっていても、政府規制により市場に出現する業態の展開が異なっている例も見られる。

2-2　先行研究における業態の研究

小売業者は企業の成長を実現するために、最初の事業として、また事業拡大のために新しい業態を創造し展開する。このような業態の多様化はアメリカなどの欧米諸国において起こり、様々な業態が段階的に創造され、成長・発展してきた。それにつれ、流通業界や研究者の間においては、小売業の業態多様化に大きな関心が寄せられるようになった。

代表的なアプローチの方法としてはマクロ分析とミクロ分析が存在する。マクロ分析においては、業態の生成や発展のメカニズムの解明を中心に検討し、一方、ミクロ分析においては、小売企業に焦点を当て、その業態の創造力や経営戦略の分析が中心になっている。すなわち、小売業態がいかに変化していくのかは、「組織能力」の程度によっても影響を受けている。ミクロ分析では、小売業態に関わる小売ミックス、小売企業の商品供給システム、経営者の意思決定、また業態開発能力、学習能力などの要素を抽出することができる。

業態の研究は小売業態研究と小売流通革新研究がある（高嶋，2007；坂川，2011）。

小売業態研究とは、価格水準、品揃えの幅、買い回り品、マージン率などの汎用的な変数を通じ、主要な業態が変化していくダイナミズム性に関する議論である（石原，2009）。経済の成長や消費者の生活水準の向上とともに、小売業態の発展過程やその変化のメカニズムの解明に注目が集まり、欧米の小売業態を中心に検討してきたMcNairの「小売の輪」（wheel of retailing）論をはじ

め、Hollander（1966）の「小売アコーディオン」論、Nielsen, O.（1966）の「真空地帯論」論、Davidsonら（1976）「小売ライフサイクル」論などが挙げられる。この小売業態研究における業態のあり方は、「複数の企業群が含まれる業態を分析単位として、そこでの抜本的な革新を通じた歴史的な展開や業態革新の共通性を議論の対象としている」（髙橋，新倉，2012）。特徴としては抜本的な業態革新は新規参入者によってもたらされることであり、業態の集合を形成・維持しながら、価格・サービス水準をシフトさせていくことに焦点を当てる（高嶋，2007）。

また小売業態研究に対して、小売流通革新研究は技術革新者である個々の企業を分析対象としている。新しい業態の成立にとっては技術革新が不可欠であるという角度に着目し、漸進的革新を含めた技術革新を巡る企業の行動に焦点を当て、業態の成立と技術革新の関係を明らかにする研究であり（高嶋，2007；坂川，2011；髙橋，新倉，2012）、革新的小売企業研究とも呼ばれている。小売企業は抜本的なプロセス革新または漸進的なプロセス革新によって、新規の小売業態を拡散する（高嶋，2007）。

小売業態研究は業態を小売ミックス要素の束として定義しようとするものであり、小売流通革新研究は業態を技術の束として定義しようとするものである（坂川，2011）。

3．主要な小売業態に関する理論仮説

Brown（1987）は、欧米小売市場を中心に検討してきた業態に関する理論仮説を循環理論、衝突理論、環境理論という3つのカテゴリに大きく分けて説明している。

第一の循環理論（cyclical theory）は小売業態の変化が周期的に同様なパターンで繰り返され、一定の規則がみられると強調している。「小売の輪」論は代表的な理論仮説である。次に、衝突理論（conflict theory）には弁証法的発展論、危機-変化モデルがあり、この理論は既存業態と新規業態の競争により、新たな革新的な業態をもたらし、循環理論の弱点を克服する。また、環境理論（environmental theory）は生態学仮説を中心とするもので、業態の変動を市場

の経済的、人口統計学的、社会的、文化的、法律的、および技術的条件によって規定され、これら環境諸条件に適合した業態が発展していくとみなし、小売業態の一般的な可能性を示した（近藤，1998；柯，2007）。上述したように、小売業態に関する理論が多く存在し、ここで代表する理論仮説を概観し、その研究視点と問題点を整理する。

3-1　理論仮説のレビュー

(1) 小売の輪

　小売業の業態多様化が著しく推進されてきた市場はアメリカであると言える。アメリカ流通の歴史を遡り、約100年の間、百貨店から、チェーンストア、スーパーマーケット、ディスカウント・ストアなどの業態が相次ぎアメリカの市場に導入され、その発展の経緯と基本原理に注目したのはハーバード・ビジネス・スクールのMcNair[6]である。この論は小売業態の革命の出発点と言われている（Hollander，1960；Goldman，1978；矢作，1996；髙嶋，2003）。

　この論の主張は（図表1-2を参照）、新業態が市場に導入される際に、低価格販売を経営の柱とし、消費者の受容と利用により、新業態が発展・成長する。すなわち、新業態がスタートした時点で、既存の小売業態に対し、新たな安売りの技術を導入し、低コスト、低マージンに基づく低価格販売を果たし、新規に市場に登場する。新小売業態は、提供するサービスなどを抑え、店内の内装や設備も簡素にし、低価格を訴求し、既存業態から顧客を奪い成長し、市場での地位を確立する。さらに追随者が同じ仕組みで低価格を実現することで参入者が増加する。顧客を獲得し、維持するために、やむなく商品の品揃えを増加させ、より良いサービスを提供し、設備を向上させ、トレーディング・アップ（格上げ）するようになる。その結果、投資規模が拡大し、マージンの上昇をもたらし、価格競争からサービス競争に移行する。低価格訴求を維持することは不可能になり、次の新たな革新的な業態に交代させられる。このように輪が一回りするごとに、新たな業態が市場に導入され成長することで、小売業態を革新していく。

図表1-2　小売の輪
The Wheel of Retailing

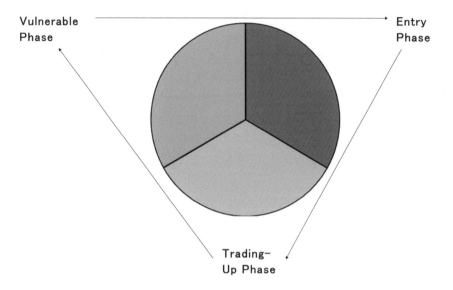

出所：Levy, M. and Barton A. Weitz, *Retailing Management*, Burr Ridge: McGraw-Hill/Irwin（2004）, p. 75.

(2) 小売発展段階論

1964年にReganは小売発展段階論（stage theory）を提唱した。この理論は、小売業の発展を、提供する商品と小売サービスの組み合わせで説明した。またReganは、製品が製品コスト、小売サービスがサービス・コストを用い、品質を図る尺度とした（図表1-3）。

ここで小売業における付加価値として①品揃えの幅、深さ、品質、②店舗環境（店舗、外観、店内、陳列など）、③時間または場所の利便性、④販売促進技術、⑤商品の移転サービス、の5つを規定している。Reganは小売業者の価値やサービスのコストと、商品の価値内容である製造業者の製品コストとの両者のコスト対応関係によって、三つの小売段階を提示している。図表1-2で示したように、①単一結合型小売業（simplex trading）（単純対応）段階はコ

図表1-3　小売業の発展の3段階

単一結合型小売業

比較的高い ───────── 比較的高い
平均的 ───────── 平均的
比較的低い ───────── 比較的低い

製造業者の製品コスト　＋　小売業者のサービスコスト

多重結合型小売業

比較的高い ╲╱ 比較的高い
平均的 ╳ 平均的
比較的低い ╱╲ 比較的低い

製造業者の製品コスト　＋　小売業者のサービスコスト

全面結合型小売業

相対的に高い 3 ─── 6 ─── 3 相対的に高い
平均的 2 ─── 5/4 ─── 2 平均的
相対的に低い 1 ─── 3/2 ─── 1 相対的に低い
　　　　　　　　　1　　　1/2 卸売業者もしくは
　　　　　　　　　　　　　製造業者のコスト

製造業者の製品コスト　　トータルな消費者価格　　小売業者のサービスコスト

出所：菊池一夫（1999）「小売営業形態革新に関する基礎的研究」『商学研究論集』P. 143。

ストと小売サービスがほぼ同一水準の対応関係を維持する。すなわち、低コストの製品と低コストのサービス、平均コストの製品と平均コストのサービス、高コストの製品と高コストのサービスの組み合わせを選択することになる。②多重結合型小売業（multiplex trading）（複合対応）段階は、格上げまたは格下げに伴い、相互に異なる水準のコスト間に新たな組合せを求める。すなわち、人口・可処分所得の増大に対応するために、小売業者は小売サービスの水準を維持したまま、製品の品質の水準の格上げ・格下げ、その両方を行う。また、製品の品質を維持したままで、小売サービスの格上げ・格下げ、その両方を行うことで小売業態を開発する。③全面結合型小売業（omniplex trading）（総合対応）段階は、消費者に商品とサービスのあらゆる組合せの中から全面的なか

つ交錯的な対応が実現される（Regan, 1964；柯, 2007）。小売の輪の格上げに対し、Reganは格下げという重要な角度で小売業態を論じた。

(3) 真空地帯論

真空地帯論（Vacuum Zone Theory）はNielsen. O.（1966）により提唱された小売業の構造変化に関する理論である。Nielsenは「小売の輪」に関する検討を踏まえ、小売業の発展の一部しか妥当しないこと、また一般的妥当性を持つ仮説の構築を目指し、革新的な業態は低サービス・低価格、高サービス・高価格の両極に出現することを出張した。Nielsenは消費者が小売店を利用する際に関心を持つのが、小売業者の立地、価格、品揃え、顧客サービスなどの提供物であると指摘している。

図表1-4は、価格・サービス水準を横軸にとり、提供物を消費者が総合的に評価した消費者選好度を縦軸にとっている。消費者選好は消費者選好分布として表される。小売業者は価格・サービス水準軸に位置付けられる。ここで、価格・サービス水準に関して、A（低価格・低サービス）、B（標準価格・標準サービス）、C（高価格・高サービス）という3つの店舗が存在すると仮定する。ここでは消費者選好が最も大きく集中しているのがB店と想定して議論を進めている。こうした状況下で、A店はより多くの消費者を吸引するために、価格・サービス水準の格上げを行い、右方向に移動し、B店と競争することで消費者を獲得する。またC店は同様の目的で、価格・サービス水準の格下げ

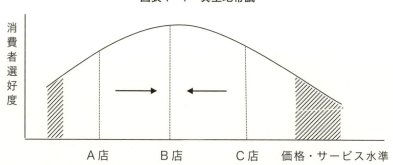

図表1-4　真空地帯論

出所：徳永豊（編）（1990）『マーケティングの管理と診断』同友館　P. 216

を行い、左方向に移動し、B店の顧客を吸収する。このような動きにより、全体として小売業者が価格・サービス水準軸の中間に集中することになり、曲線両端に位置する消費者の欲求を満たす小売業者が存在しなくなり、真空地帯が発生するようになる。この市場の空白を埋めるため、やがて新たな小売業者が参入することになり、あらゆる品質の商品をあらゆるサービス方式で用意して提供していくという考え方である（Nielsen, 1966；向山, 1985）。

(4) 小売アコーディオン論

小売アコーディオン論は、「小売の輪」と同様、小売業態の革新を説明する理論仮説であり、1966年に Hollander, S. C.[7] により展開された。Hollander は小売業の営業形態変化を価格ではなく、商品ライン、すなわち品揃えの総合化、専門化によって変化が生じると指摘している。

小売アコーディオン論は、非経済的な要因、法的制約、資本力、必要なコスト、消費者の選好パターンという5つの要因により、総合的な幅の広い品揃えの小売業と、専門的な幅の狭い品揃えの小売業とがアコーディオンのように交互に出現することによって、小売業革新が進展すると説明している（図表1-5を参照）。すなわち、小売業態においては品揃え幅が広い小売業が中心的存在である状態から、品揃え幅が狭く専門化した小売業が中心的存在である状態へ移行し、さらにまた次には品揃え幅の広い小売業が中心となる状態へ向かおうとする。

(5) 弁証法論

1968年に弁証法論（dialectic theory）は Gist, R. R. により提示された。Gist は「小売の輪」の単一方向の動き、つまり低コスト・低価格・低地位という業態への革新に対して、弁証法論ではそれとは反対方向の動きが生み出されることに注目した。弁証法論は、新しい小売業態が次から次へと登場してきたのは、正→反→合のように弁証法的プロセスによると説く理論仮説である。

この理論は図表1-6のように示されており、既存業態を「正」、革新的業態を「反」、前の2つから導き出される小売業態を「合」として仮説を展開している。具体的にみると、中心商業地区に立地・低回転率・高マージン・高価格・

図表1-5 小売アコーディオン

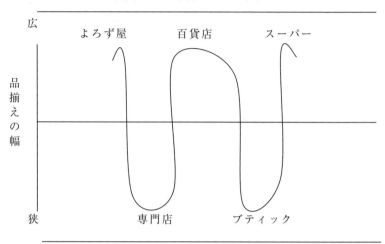

出所：Mason, J. B. Mayer, M. L. and Wilinson, J. B. *Modern Retailing* : Theory and Practice, 6th ed.. Richard D. Irwin. 1993. p. 33.

高品質のサービスを提供する百貨店が「正」であるのに対し、中心商業地区の外側で高回転率・低マージン・低価格・セルフサービスを武器に参入したディスカウントストアは「反」である。また百貨店とディスカウントストアの中間的な性質を持つ郊外立地・平均的マージン・平均的商品回転率・妥当な価格・限定されたサービスに特徴付けられたディスカウント・デパートメント・ストアが「合」として出現するのである。

(6) 小売ライフサイクル論

上述してきたように、「小売の輪」論やアコーディオン論は業態の革新が価格、サービスレベル、品揃えの幅などで捉えられ、新業態導入後の変化などを中心に説明するものである。いずれも複数の業態を対象に、その革新、発展のパターンを議論する仮説である。これに対し、小売ライフサイクル論は1つの業態を対象に、市場に導入されてから、衰退までのプロセスを考察する仮説である。この理論はDavidson et al. (1976)[8]により提唱され展開された。

小売ライフサイクル論は小売業態の発展を革新期（Innovation）、加速的な

図表1-6　弁証法論

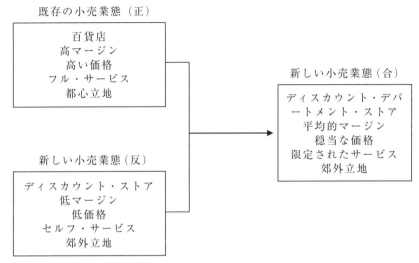

出所：徳永豊（1990）『アメリカの流通業の歴史に学ぶ』中央経済社 PP. 217-219。

発展期（Accelerated development）、成熟期（Maturity）、衰退期（Decline）の4つの段階に分け（図表1-7を参照）、各段階の市場特性、小売業者や供給業者の行動、またマーケットシェア、収益性などを説明している。

　図表1-7で示したように、最初の革新期では、これまで既存の小売業態と異なり、新たな管理方法、独自の品揃え、小売サービスなどの新アイデアを持つ新業態が初めて市場に導入され、次第に受容されていき、先発企業の優位性を発揮することになる。この時期においては、当該業態は既存の多業態と差別を図り、急速に売上を伸ばす可能性がある。加速的な発展期では、当該業態は業界や消費者に認知されるようになり、市場シェア、売上高また利益が急激に拡大・成長するため、既存の小売業者が当該業態を模倣し、後発企業として市場に参入し始める。先発企業は後発企業よりも市場の受容と認知度が高く、また規模や小売技術面でも優位性を持ち、後発企業間との大きな格差がみられるが、人件費や管理費などのコスト増大のような問題にも直面している。またこの時期では革新期と比べ、企業間の競争が次第に激しくなっていく。成熟期では、新規顧客の開拓が難しくなり、市場シェアや利益の増加も困難になり、革

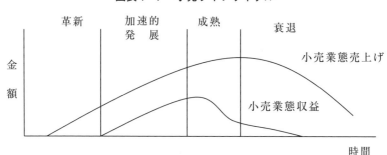

図表1-7 小売ライフサイクル

出所:Davidson, W. R. Bates, A. D. and Bass, S. J. "The Retail Life Cycle", *Harvard Business Review*, Vol. 54, November-December, 1976, p. 91.

新期のような活気が失われつつある。成熟期においては、同業態間の競争がさらに激化し、利益率が低下する危険が存在する。また、多くの小売企業は規模の増大につれ、市場需要の飽和と厳しい競争環境の状態に陥り十分な対応ができず、経営の質を落とす危険性がある。最後の衰退期では、消費者ニーズの変化に対応しきれず、優れた競合する業態の新規参入により、当該業態の市場シェアは大幅に落ち込み、利益の獲得は限界に到達することになる。このような状況では、当該業態は収益面で赤字になる傾向があり、やむなく市場から撤退することになる[9]。

(7) 外部環境論

外部環境論(A Culture Ecological Analysis)はBlizzard、R. T. により1976に提示された理論である。Blizzardは百貨店、スーパーマーケット、コンビニエンスストア、ファーストフードという4つの業態を研究対象にし、これらの業態の成長過程において、それを取り巻く各環境要素との関連性について分析し、小売業態と外部環境が緊密に関連することを主張している。

「Blizzardは小売業態の環境知覚及びそれに基づく適応行動と現実の環境変化との不一致解消を動因とする環境決定論的な小売業態の展開理論を指示した」(向山, 1985)[10]。図表1-8のように、Blizzardは基本的な小売業態と環境の諸要素との均衡状態を提示した。環境の諸要素は①競争、②経済システム、

図表1-8　外部環境論

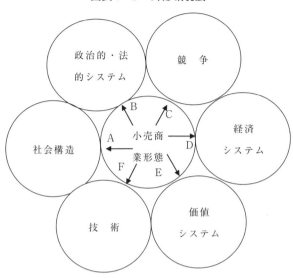

出所：Blizzard, R. T. *The Comparative Evolution of Selected Retail Institutions in the United States and Australia*: A Culture Ecological Analysis, Ph. D. Dissertation, 1976, p. 375, 向山雅夫（1985）「小売業形態展開論の分析枠組（Ⅰ）」『武蔵大学論集』第33巻第2・3号　P. 140。

③価値システム、④技術、⑤社会構造、⑥政治的・法的システムという6つの次元が存在する。A～Fは、各環境要素に対して小売業態が働きかける活動を表すベクトルである。

3-2　これまでの理論の問題点
(1) 共通の問題点

　ここまで、小売業態研究に関する各理論仮説を要約し、その特徴などについて紹介してきた。これらの理論仮説は小売業態の発展に関するメカニズムの解明に様々な視点から分析を行い、大きな貢献をしてきたが、共通としての特徴が挙げられる（白石，1977；関根，1985；向山，1985、1986；兼村，1993；小川，1993；笹川，1994；坂川，1997；近藤，1998；青木，1999；菊池，1999；坂本，2001；竹内，2001；鳥羽，2001；渦原，2003；柯，2007）。

まず、これらの理論仮説のほとんどは「小売の輪」理論の批判からスタートし、その概念フレームの拡張を目指すものである。小売の輪論に傾斜した観点に立脚しすぎるがゆえに、小売業態を研究する視野が狭くなり、また停滞的な状態に陥ることになる。次に、理論課題の一面性である。諸理論仮説が明らかにしようとしている課題は、小売業態展開のパターンの識別である。様々な視点で業態を捉え、より包括的・現実適応なモデル化が可能になるかに焦点が当てられている。しかし、小売業態展開のパターンはどのような要因によって規定されるのか、またどのようなパターンに沿って変化していくのかについての解明はまだ不十分なままである。また、これらの理論仮説は小売業態の生起・発展を中心に説明し、戦略タイプとしての小売業態と、企業である小売業者、事業所である小売店舗とを混乱させている。業態認識が不明瞭であり、展開の因果関係についての検討が欠如していることも指摘できる。さらに業態研究が業態と環境の問題、およびその生成・発展の問題を主題とするマクロ理論の視点からの分析に焦点が設定されてきたが、今後はさらに個別小売企業の経営戦略・戦術を課題とするミクロ理論の視点からの分析との統合が必要である。

(2) それぞれの問題点

　ここで、諸理論仮説のそれぞれの問題点について述べてみる。

　まず、小売の輪はアメリカの小売業態の成長軌跡について簡潔に、また巧妙に説明しており、小売業態に関する研究の原点であると高く評価することができる。例えば、百貨店業態の発展プロセスは、小売の輪の主張を示す絶好の事例としてよく挙げられる。しかし、小売の輪に合致した事例が多く存在するにも関わらず、いくつかの問題点も存在する。Hollander (1960) は普遍性と有用性について疑問を提起した。a. あらゆる条件のもとであらゆる小売業にとって有効なのか。b. どれほど正確にアメリカ小売業発展の全体を記述しているのか。c. どんな要因が小売の輪のパターンを引き起こすのか。また、この論は新興国で一致しない場合が多い。例えば、新興国においては、スーパーマーケットや他の近代的な小売業態は主に高所得層もしくは中間所得層をターゲットとし、高価格で登場したため、小売の輪に当てはまらないことが指摘できる。

　小売発展段階論は小売業の発展を消費者の生活水準の向上と競争による複雑

化の過程に求め、静態的な視点から McNair、Hollander が格上げを中心に小売業態の展開を論じたのに対し、格下げを加えた点にその意義がある。しかし、この論は3つの発展段階の規定を曖昧にしており、小売業者の価値やサービスのコストと、商品の価値内容である製造業者の製品コストとの相互関係に関する分析も行われていない。

次に真空地帯論は小売の輪よりカバーする範囲が広く、格上げの導入や小売業の国際比較において意味を持つことが指摘できる。しかしながら、この理論は小売サービス全体を消費者選好の対象としているため、消費者選好分布曲線や真空地帯の測定方法などは実際には推定が困難である。また、この理論仮説による小売業態展開のモデルは、検証の可能性について解明すべき大きな課題を残している。

アコーディオン論はきわめて単純な概念構成でありながらも、小売業態における発展の一般的な傾向を的確に捉えたものといえる。この理論はある業態の普及・飽和が前提となり、新業態が導入されるという特徴を持っている。しかし、この理論は歴史的な事実の蓄積とその分析から導き出された経験的な仮説であるために、普遍性を持つことが証明されているわけではない。また、品揃えの拡大・縮小が発生する理由の説明が不足し、消費者の反応・ロイヤルティが考慮されていない点も指摘できる。

弁証法論は正→反→合という弁証法的プロセスに沿って、小売業態の発展が起きるという概念的な枠組を提示しているが、これを生じさせる要因などに関しては、具体的に説明されていない点が指摘できる。

小売ライフサイクル論は4つの段階に分け、各段階における個々の業者の行動や変化などを比較的に詳しく分析することができる。しかし、あらゆる業態を統一的に変化のプロセスから考察しようとすると、この理論を用いるのには限界がある。各段階における市場特性や、各企業の行動と変化、また企業間と消費者との間の相互作用を含む考慮が必要となる。また、「小売ライフサイクル」論に関しては、アメリカにおける小売業は新しいタイプの小売業になるほど、ライフサイクルが短くなってきているという議論がある[11]。

外部環境論は環境への適応能力を業態の存続と成長に結びつけ、環境に対する受動的な側面が強調されて、業態の主体的な側面が軽視されている。環境は

業態展開の可能性を作り出すだけで、それを利用するかどうかは小売業自体の問題である。外部環境論は一般企業の環境対応を説明する理論として認められるが、革新的な小売機関の生成・発展のプロセスを直ちに説明するものではない。つまり、外部環境理論はその発展の法則性や小売企業戦略の説明の点で弱点がある。

4．近年の研究動向

4-1　矢作敏行氏の小売イノベーション・モデル論

矢作氏（1994）は具体的に業態を展開する事例を取り上げ、ビジネス・システムにおける革新性を明らかにした。また2000年には、小売業態の生成につながる小売革新を捉える顧客関係、組織間関係、組織内関係という3つの側面を提示し、機能と組織の2つの次元から小売経営革新行動を抽出し、その行動体系を概念化したのが小売イノベーション・モデルである。

機能面においては、顧客との対応関係で決まる小売業務システムと商品・調達供給システムという2つの機能で構成される。一方、組織面では、小売イノベーションの組織論は、小売業務遂行主体としての単一組織問題と商品調達・供給機能を担う小売・サプライヤー（メーカー、卸売業者など）関係を扱う組織間関係で構成されている。

すなわち、顧客関係は小売業者と顧客との対応関係で決まる小売業務システムであり、そこで生み出される便益は品揃え、ロット・サイズ、立地、時間といった小売サービス基準として測定される。小売サービス水準が高く、顧客の負担する費用水準が低いほど顧客価値は高くなり、小売イノベーションは顧客価値を創造する新機軸となる。組織内関係は単一組織内での小売業務と商品調達、供給（物流）であり、小売企業がサプライヤーとの関係構築に基づく商品調達・供給システムに依存して顧客価値を創造・伝達している。組織間関係はメーカー、卸売業者などとの取引関係であり、商品の調達・供給がメーカー、卸売業者、供給システム、物流業者など他の組織との提携で遂行される。この小売イノベーション・モデルを通じ、矢作氏は小売業革新を小売業務の革新、商品供給システムの革新、組織構造の革新という3つの角度で捉えている[12]。

このような3つの機能的関係は相互に関連づけられ、その小売業務や取引関係などが異なる条件のもとで行われるとすれば、異なる市場においては、競争優位性を持つ多様な小売業態が生成・発展するようになるであろう。

4-2　ビッグ・ミドル

最近では、米国の小売業界において消費市場と小売業の発展関係をめぐり、ビッグ・ミドル（Big-Middle）[13]という新たなコンセプトが2004年にWal-Martのマーケティング副社長（当時）のBob Connollyによって、アーカンソー大学での小売業者のコンファレンスにて紹介された。

このコンセプトは、小売業の新しい売り方としての業態がどのようにして生み出されるのかを説明しようとして提起されたものである。ここで小売業の全体の構造を示すと、小売業の業態のタイプとして、「革新（Innovative）」、「低価格（Low-Price）」、「ビッグ・ミドル」、「不振（In-Trouble）」という、4つのセグメントに分けられる（図表1-9を参照）。

ビッグ・ミドルのコンセプトによると、小売の構造は基本的には4つのセグメントの一つに位置するということである。小売業はあるセグメント、すなわちイノベーターか低価格小売業者のいずれかから始まり、また成功した企業は結果的にビッグ・ミドルに移動し、失敗した企業は「不振」に移行するというシンプルな関係を描いている。ここでは、ビッグ・ミドルが最も多くの潜在的な購買力を示している。イノベーティブなセグメントを支配する小売業者は、プレミアム提供を求める品質意識の高い市場に向けた戦略を行う。低価格小売業者は価格意識の高い市場にアピールする。ビッグ・ミドル小売業者は彼らの価値提供のために成長する。トラブル状態の小売業者は彼らの競争業者と比較して高いレベルの価値を提供できない。

ビッグ・ミドルは小売業の営業方式の革新により業態が変化していくことに着目しているが、成長市場に焦点が当てられ、成熟市場での変化が明確ではないことが指摘できる。また、ビッグ・ミドルは市場および企業レベルのことを指すのか、それとも小売業態のことを指すのかについて言及しておらず、また、市場の成長に視点がおかれ、業態多様化のプロセスが明示的でないといえる。

図表1-9　ビッグ・ミドル

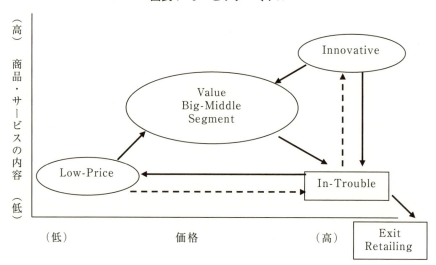

出所：Levy, M. Grewal, D. Peterson, R. A and Connolly, B.（2005）"The Concept of the Big Middle," *Journal of Retailing*, Vol. 81（Number 2）, p. 85.

4-3　田村正紀氏の業態盛衰モデル

　すでに述べてきたように、田村氏（2008）は小売業態の盛衰を引き起こす基本的な動因に注目し、「市場の拡大と売上高の向上のための覇権市場への挑戦が生み出す動態として捉えている」。また業態盛衰モデルを構築し、それによって明らかになった業態盛衰の主要な過程を、主要業態の事例研究を通し、検証している。

　ここでの覇権市場とは、「潜在的な顧客数が最大である市場領域、つまりセグメントとしての大量市場の内で、巨大企業が支配する部分である」。つまり、「覇権市場は、もっとも多くの消費者から構成される市場規模の大きい市場[14]であり、流通市場の主要部分を構成している。この覇権市場に君臨する巨大企業を支配的企業と呼ぶことができる。」（田村，2008）。

　田村氏（2008）は業態盛衰の過程を中心に検討することで、業態盛衰モデルを提示した。彼はこのモデルが「業態盛衰に関する経験的な発見事項を統合化するための概念枠組である」と主張している。また、「小売商の小売ミックス

図表1-10　業態盛衰モデル

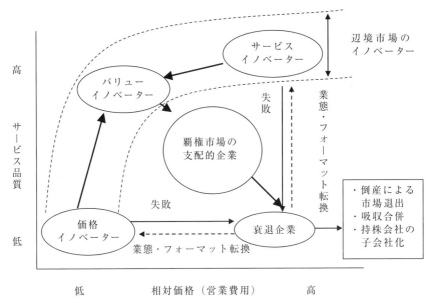

出所：田村正紀（2008）『業態の盛衰──現代流通の激流』千倉書房　P. 49

を代表的な二種の次元に縮約して、それによる二次元空間に流通企業をカテゴリ化している」。それは、相対価格次元とサービス品質次元である。

　図表1-10で示すように、業態盛衰モデルは新業態として市場に参入した企業が市場における盛衰の過程を描くモデルである。ここで議論される新業態小売企業は「価格に優位性を持つ価格イノベーター」、「品質に優位性を持つ品質イノベーター」、そして「これら両面に優位性を持つバリューイノベーター」という3種類のイノベーターを指す。売上高拡大のため市場規模が大きい覇権市場への参入を目指す過程で、価格イノベーターと品質イノベーターは次第にバリューイノベーターへ収束していく傾向がある。

　田村モデルは小売業態の変化のダイナミズムを説明し、業態別に事例を取り上げ、検証を行った。このモデルは前述の「ビッグ・ミドル」のモデルに類似した部分があるといえる。覇権市場に存在する主体は消費者なのか、または企業なのかについては議論が少なく、業態とフォーマットを平行に使用し、両者

の関係性に関する説明が欠如している。また、このモデルの最大の弱点といえるのは、価格イノベーターと品質イノベーターはバリューイノベーターへ収束していく際に、覇権市場が形成するという議論である。ここで、影響を与えるファクターとしては、企業間の競合だけでなく、需要メカニズムや企業の意思決定なども重要な役割を果たしている。

5．企業の組織能力

　世界の小売市場の現状を見てみると、良好な経営環境であれ、厳しい経営環境であれ、同一条件の経営環境に置かれていながら、ある企業が同業態他社より優れた成果を出す場合がよく見られる。なぜこのような現象が起きるのかについては、単に従来の業態分析のみでは、十分ではないことが指摘できる。したがって、業態分析から企業の行動、競争優位の源泉となる企業の組織能力を含む研究が必要になると考えられる。

　組織能力（organizational capability）は資源ベース・アプローチの研究において提唱されているものである。組織能力とは、個別企業が歴史的に形成してきたユニークな行動パターンであり、企業間異質性の源泉であることから（Chandler, 1992）、同一産業における企業間でのマーケティング戦略や業績の異質性を説明しうる分析道具として期待されてきた（久保，2004）。小売業態に関わる組織能力としては、市場の学習能力、市場感知能力、吸収能力などが挙げられる[15]。

　小売業態に関する研究においては、組織能力を取り入れるべきという提唱が行われてきている。組織能力というファクターを抽出することによって、新業態を市場に登場させる小売業者の組織条件が明確になり、新業態が市場に導入された後、競争優位性を強化していく過程の考察ができるようになり、企業間の競争や革新的小売業者を模倣するプロセスを解明することができる[16]。

　近藤氏（2010）は業態を創造する革新的な小売企業とその模倣者の組織能力を巡って検討を行い、特定の業態に「その業態が要求する特定の組織能力が存在する」と主張している。また「業態性に基づく組織能力が業態研究を発展させるための新たな視角となりうることを示している」。

また、矢作氏（2011）は日本の小売企業を事例に組織能力という問題にアプローチしている。この研究はこれまでの小売業態の盛衰論の見解を克服することを狙いとしている。組織能力は「価値を作り出す集合的な仕事のやり方」であり、中核的な組織能力は「独自の顧客価値を生み出す上で、中心的な役割を担っている仕事のやり方である」[17]と定義し、具体的には市場戦略、店舗運営、商品調達、商品供給の各業務システムにおける個別の能力・資源が組み合わされた多様な能力を指す。事例研究を通し、革新的な業態を開発し市場に導入する小売企業は独自の市場戦略を行い、競争優位性を獲得し、競合相手のいない、もしくは比較的に少ない市場環境を取得する。また、競合相手が数多く存在する市場に位置する際には、小売業は蓄積されてきた店舗運営、商品調達、商品供給といった業務システム上の能力を応用することで、競争優位性を獲得することができる。

　そこで、消費市場においては、新規企業であれ、既存企業であれ、競合他社より持続的に優れた成果を維持するための組織能力の構築が必要になっている。競争優位性を持つ業態の確立、その顧客を獲得・維持するための管理能力、業態の一連の業務を管理する運営能力と専門知識の蓄積などの業態に属する組織能力が不可欠である。

　こうした組織能力の構築によって、同業態間の競争および異業態間の競争において、小売企業は既存業態を維持するか新業態を開発するか、または、管理システムなどで他社と差異化を図り、業態に対応する能力を高めることで、企業の持続的に競争優位が保たれると考える。

6．まとめ

　この章では、業態の定義をはじめ、マクロレベルの業態変動メカニズムとミクロレベルの業態創造・競争のプロセス、また、業態変動に関わる小売業態研究と小売流通革新研究を中心に分析を行った。また、欧米の小売業態をめぐる主要な仮説を考察し、最後に、小売企業の組織能力に注目し、様々の研究視角アプローチについて検討してきた。

　従来の考察では、その多くがマクロ分析かまたミクロ分析かのいずれかを中

心に議論しており、マクロ・ミクロ流通分析を兼ね備えた統合的な分析方法が少なかったといえる。ミクロレベルで議論されてきた小売流通革新研究は、小売企業に焦点を当て、小売業態を分析する際に、その店舗運営、商品調達、商品供給などの組織能力を加える分析はまだ少ないといえる[18]。

　そこで本研究は、従来、マクロレベルの業態変動メカニズムとミクロレベルの業態創造・競争のプロセスが別個に考察されて進められることが多かった問題点を踏まえ、双方のレベルを対象として取り込んだより包括的な視点で小売業の業態の発展と業態多様化に影響する要因を解明しようとしている。

1 ）小売業の形態には、店舗水準で実現される小売ミックスによって識別される営業形態、店舗展開の方法によって識別される経営形態、営業主体である小売業者の企業形態という3種が存在する（青木，2008）。本研究では、営業形態を小売業態として取り上げる。
2 ）市川貢、増田大三、岡本輝代志（編著）（1989）『小売経営の現代的課題』千倉書房　P. 33。
3 ）M. E. ポーターは、通常、業界では少数の戦略グループで形成されていることが多く、それらのグループ間では採用している戦略にはっきりとした違いが見られるという。業界内のすべての企業が本質的に同じ戦略をとっている場合は、その業界内には戦略グループはただ一つのみということになるという。逆に業界内のすべての企業が全部異なった戦略をとっている場合もあるとみる。Michael E. Porter, Competitive Strategy, The Free Press, 1980（M. E. ポーター（1982）『競争の戦略』ダイヤモンド社）pp. 183-184。
4 ）稲田賢次（2002）「小売業の業態概念に関する一考察：小売ミックスにおける業態の捉え方と課題」『龍谷大学経営学論集』龍谷大学経営学会　第42巻第2号。
5 ）市川貢、増田大三、岡本輝代志（編著）（1989）前掲書　PP. 36-38。
6 ）McNair, M. P.（1958）, Significant Trends and Developments in the Postwar Period, in A. B. Smith（Editor）, *Competitive Distribution in a Free High Level Economy and Its Implications for the University*（Pittsburg：University of Pittsburg Press）, pp. 1-25.
7 ）Hollander, Stanly C.（1966）, "Notes on The Retail Accordion" *Journal of Retailing*, Vol. 42（Summer）, pp. 29-40.
8 ）Davidson, William, Albert D. Bates and Stephen J. Bass（1976）, "The Retail Life Cycle," *Harvard Business Review*, 54（November-December）, pp. 89-965.
9 ）柯麗華（2007）『現代中国の小売業』創成社　PP. 71-73。
10）向山雅夫（1985）「小売業形態展開論の分析枠組（Ⅰ）」（『武蔵大学論集』第33巻第2・

3号　P. 143。
11) Mason, J. B. and Mayer, M. L (1990) Modern Retailing ; *Theory and Practice, BPI/Irwin*, p. 25.
12) a. 矢作敏行（1994）『コンビニエンス・ストア・システムの革新性』日本経済新聞社。
　　b. 矢作敏行（編著）（2000）『欧州の小売りイノベーション』白桃書房。
　　c. 金顕哲（2001）『コンビニエンス・ストア業態の革新』有斐閣。
　　d. 渦原実男（2012）「小売業態展開とイノベーションの理論的研究」『西南学院大学商学論集』第58巻第4号　PP. 99-132。
13) Levy, M. Grewal, D. Peterson, R. A. and Connolly, B.（2005）"The Concept of the Big Middle," *Journal of Retailing*, Vol. 81 (Number 2), pp. 83-88.
14) 大量市場は欧米では「ビッグ・ミドル」と呼ばれている。
15) 近藤公彦（2010）「業態研究のフロンティア―革新の組織能力の視点から―」『日本商業学会第60回全国研究大会報告論集』PP. 36-44。
16) 近藤（2010）前掲論文　PP. 36-44。
17) 矢作敏行（編著）（2011）『日本の優秀小売企業の底力』日本経済新聞出版社　PP. 332-341。
18) 矢作敏行（編著）（2011）前掲書 PP. 1-32および PP. 349-386。

第 2 章　中国市場における小売業の発展過程

1．中国市場における小売環境の変化

　中国は、1978年12月中国共産党の第11回会議第 3 次総会で、経済の改革・開放を国策として確立し、中国経済の大規模な発展がスタートすることになった。1992年初め、鄧小平の「南巡講話」を契機として、市場経済の必要性が強調され、さらに改革・開放政策が加速化されてきた。海外からの投資が1980年代以上に活発になり、中国経済の成長を牽引することになった。2001年12月に、中国はWTOへの加盟を果たし、この加盟は中国市場の対外開放度を高め、市場経済体制の発展及び中国の経済成長を促進した。
　中国は「世界の工場」であると同時に、「世界の市場」に変わりつつあり、近代化している流通が生産と消費を結ぶ要石になり、中国流通の近代化が世界の注目を浴びるようになった。
　急速な経済成長を背景に、中国の小売市場は大きな変化が見られ、小売業の発展と小売業態の多様化が急速に進んでいる。特に、外資系企業が中国の流通業に本格的に参入することになった。有力な流通企業の中国における事業展開は2001年のWTO加盟により加速している。
　本節では、中国小売業を取り巻く環境の考察を通じ、中国小売市場の発展に

影響を与える要因を明らかにする。

　小売環境は小売業の発展、変化などに影響を与える要因の集合体である。小売環境の構成要素は主にマクロ要素とミクロ要素であり、その中で、マクロ環境要因は政治・法律、マクロ経済、科学技術、消費者需要を含み、それと対象的に存在するミクロ環境要因は小売企業間の競争、小売企業の所在地の経済環境などを指す。

1-1　マクロ環境の変化
(1)　政治・法律環境について

　中国経済改革・開放政策を実施して以来、行政介入[1]により、中国の政治・法律環境は大きく変化してきた。

　第1に、政治体制は市場経済の発展を促進するために漸進的に変化している。1980年代から中国政府は社会主義の市場経済の設立と完備を長期的な目標として、経済体制の改革に力を注いできた。経済構造と産業構造が変化している中、中央政府は社会経済に関する指揮やコントロールなどを徐々に減少させ、競合性の大きい領域から撤退しつつあり、企業の所有者・指揮者から社会の管理者、サポーターという役割に変化している。

　第2に、政府は企業のコントロールから、法律管理に重点をおくようになり、企業経営に関する法律は日々完備するようになった。特にWTO加盟以降、商業に関する法律を強化し、小売企業の店舗立地、規模、経営方式などに大きな影響を与えた。

(2)　マクロ経済環境について
　①高度成長する経済環境

　2013年において、建国64周年を迎える中国は、経済全体が急成長し、2007年の国内総生産（GDP[2]）は26.6兆元（名目GDP）で、ドイツを抜き、世界3位の経済大国になり、また、2010年の名目GDPは40.2兆元に達し、日本を抜き米国に次いで世界2位になった（図表2-1を参照）。

　GDPの高い・持続的な成長に伴い、社会的な生産物が増え、消費者の収入も大幅に増加し、供給と需要の両サイトの成長をもたらし、小売市場の繁栄を

図表2-1　中国GDPの推移（1980〜2013年）（単位：10億元）

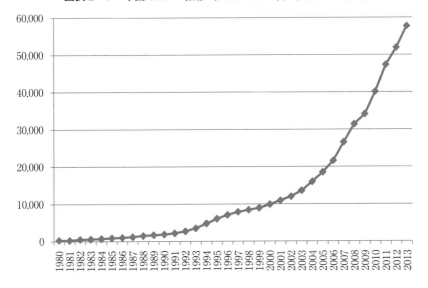

出所：IMF‐World Economic Outlook Databases（2013年4月版）

促進している。

②産業構造の変化

第一、第二、第三次産業をGDPにおける割合から見ると（図表2-2を参照）、第一次産業の割合は減少しつつ、第二、第三次産業が増加している。発展国と比べ、中国の第三次産業の割合はまだ低い状態であるが、徐々に成長している。その中、社会消費財小売総額[3]の増加は第三次産業の成長に大きく貢献している。

③就労状況の変化

産業構造の変化により、第一次産業の就労人口が減るのに対し、第三次産業の就労人口が年々上昇しており、就労構造が変化している（図表2-3を参照）。このような就労構造の変化により、収入構成の改善や消費構造の変化が促進され、消費者の購買力が高まっている。

図表2-2　産業構造の割合

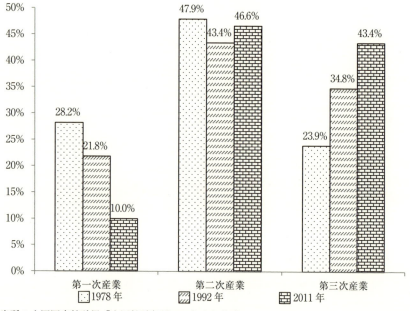

出所：中国国家統計局『中国統計年鑑2012』より作成

図表2-3　各産業における就労人口の変化

年度	就労人口（万人）				割合（％）		
	総数	第一次産業	第二次産業	第三次産業	第一次産業	第二次産業	第三次産業
1978	40,152	28,318	6,945	4,890	70.5	17.3	12.2
1992	66,152	38,699	14,355	13,098	58.5	21.7	19.8
2001	72,797	36,399	16,234	20,165	50.0	22.3	27.7
2011	76,420	26,594	22,544	27,282	34.8	29.5	35.7

出所：中国国家統計局『中国統計年鑑2012』より作成

図表 2-4　世帯の平均年間収入（1980～2010年）

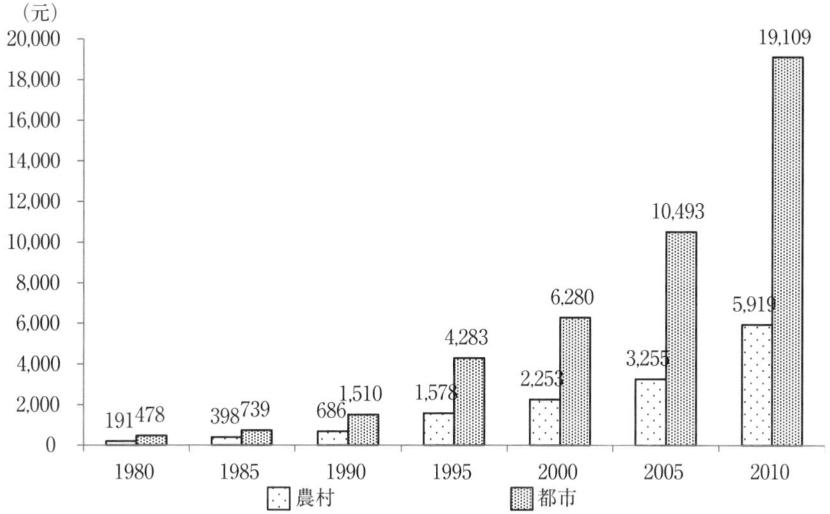

（元）

年	農村	都市
1980	191	478
1985	398	739
1990	686	1,510
1995	1,578	4,283
2000	2,253	6,280
2005	3,255	10,493
2010	5,919	19,109

出所：中国国家統計局『中国統計年鑑2012』より作成

④国民の消費水準のレベルアップ

　GDPの成長に伴い、国民の消費水準は全体的に高まり、平均収入が1980年の334.5元から2010年の12,514元に増加し（図表2-4を参照）、都市の収入が大幅に増加する一方、農村との収入格差がますます大きくなっている。都市における小売企業間の競争が激しくなるとともに、農村地区の小売業を振興させるために、政府が小売業に対する投資環境の整備を行い、小売企業を誘致する様々な政策を実施している。

(3) 技術要素

　経済改革・開放以降、中国の技術環境が急激に変化している。図表2-5が示しているように、中国R&Dへの投資が年々増加している状態で、中国政府は技術開発に力を注いでいる。特に小売分野においては、海外から先進的な小売技術を中国市場に導入した。たとえば、バーコード、POSシステム、商品管理技術、物流・配送管理技術などである。

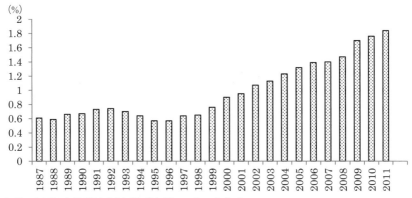

図表2-5　中国R&D支出対GDP比率（1987〜2011年）

出所：中国国家統計局『中国統計年鑑2012』より作成

(4) 消費者ニーズ

経済の急成長を背景に、中国各地は都市化が進んでおり、人口が都市に集中するようになった。収入の増加、人口構造の変化、教育のレベルアップ、価値観の変化などによって、中国消費者の消費スタイルは衣、食、住などの面で大きな変化を起こしている。便利性消費、贅沢品消費などの多様な消費者ニーズを満たすために、小売業者が積極的に新業態を展開するようになってきた。

1-2　ミクロ環境の変化

(1) 企業間の競争状況

①水平的競争

以前の国有経済体制と比べ、近年、政府指導の下で、国有小売企業などが改革を行い、民営化やグループ化に転換し、また民間小売企業、華人・華僑小売企業、外資系小売企業が積極的に市場進出している。1992年に、中国政府が初めて外資系小売企業の参入を許可し、小売市場主体の変化が加速された。

近年、社会消費財小売総額が増加し、小売企業数、店舗数、売場面積、売上高も増えており、中国市場における小売企業の規模が拡大している。また、同業態間の競争のみならず、異業態間の競争も大きな変化が生じている。経済改

革・開放以前は、国有百貨店と青空市場が主要業態であり、それ以外の多業態間の競争はほとんど存在しなかった。90年代以降、海外から総合スーパー、スーパーマーケット、コンビニエンスストアなどの様々な小売業態が市場に導入されるようになり、既存業態と新業態、および新業態間の競争が始まった。

②垂直的競争

1980年代初期においては、中国経済の発展水準がまだ低く、生活必要品などの物質が不足した状態で、中央政府は配給制を行っていた。生産は消費を牽引する立場であり、サプライヤーは小売企業より主導な地位を占めた。1990年代に入り、経済改革・開放政策の実施により、中国市場は買い手市場に転換しはじめ、商品の品揃えや数などが豊富になり、消費者が商品の質・機能、販売方式などに強い関心を示すようになってきた。小売企業はチェーンベースでの多店舗展開を進めることで大量仕入の実現をめざし、サプライヤーとの垂直的な競争の中で有利な地位を占めるようになっている。また近年、小売企業とサプライヤーの間では、小売企業がバイイングパワーを獲得するにつれて、サプライヤーにリベートなどを要求する問題も発生しており、垂直的な競争や対立が熾烈化している。

(2) 小売企業所在地の地域差

①地域経済発展のアンバランスと小売企業の進出・出店業態への影響

前述したように、中国の経済が急成長している中、都市部と農村部の格差が拡大している一方、優先的に開放された沿岸部地域と内陸地域でも経済発展の格差が見られている。上海、北京、深圳といった沿岸部の大都市は小売企業、特に外資系小売企業の最初の投資先になっていた。近年、内陸部、なかでも中小都市が著しい成長の姿を見せているが、沿岸部、大都市と比べ、人口密度、所得水準、生活スタイル、価値観、消費習慣などの面では大きな相違が存在しており、小売企業の進出状況、展開業態も大きく異なっている。現在、小売業が主に中国の都市部に集中しており、特に中心都市（大都市、直轄市、県庁の所在都市及び衛星都市）においては、海外で展開されている先進的な小売業態の多様な種類がほぼ導入されている。一方、内陸部の中小都市、また農村部では、食を中心に展開されている総合スーパーやスーパーマーケットが主要な小

売業態となっている。

②地域インフラの状況と小売業発展への影響

1980年代以降、中央政府はインフラ投資に取り組み、交通、通信、物流の面では大きな変化が見られる。交通インフラの整備により、小売企業の商圏が拡大され、チェーンストア経営の展開が可能となり、規模の経済性を図ることが実現できるようになった。通信および物流事業の振興は、企業間の取引や企業対顧客のコミュニケーションを強化し、小売企業の販売技術やサプライチェーンの効率を高めた。しかし、中国各地においては、インフラ整備の程度が異なり、小売業の発展レベルも異なっている。例えば、交通インフラ整備の欠如は地域物流センター、配送センターなどの建設の必要性を提起している。

2．中国小売市場の概況

2-1 市場規模の拡大

中国の小売市場は拡大を続けており、特にここ10年間、年平均伸び率17.0%のペースで成長し、2011年の市場規模は18兆元に達した（図表2-6を参照）。近年、リーマンショックの影響を受け、小売市場の成長速度は緩やかになっているが、中国政府が4兆元に及ぶ大型景気刺激対策を実施したことで、小売市場は二桁台の成長を維持している。

近年、中国経済の牽引役は固定資本投資であるが、消費中心の経済への構造転換も進んでいる。2012年1月に発表された「商務部による第12次五ヵ年期間の小売業発展促進に関する指導意見」において、第12次五ヵ年計画期間中(2011年～2015年)の社会消費財小売総額の年平均伸び率を15%とする目標が掲げられ、小売業改革の加速、各業態の調和のとれた発展を求める方針を強調している。つまり、中国政府の内需拡大に向けた供給サイドに関する方針等を踏まえ、中長期的にみて、中国小売市場の規模は拡大傾向が続くと考えられる。

需要サイドである消費者の購買力の観点でみて、一人当たりの年間消費支出が年々増加しており、小売企業にとって、十分に成長を見込めるマーケットが存在すると考えられる。また、前述したように、所得層別の消費支出額の差が拡大する一方、消費者ニーズの多様化が進展しており、さまざまな種類の小売

図表2-6　中国小売市場の推移（1978～2011年）

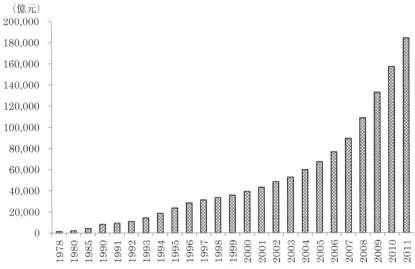

出所：中国国家統計局『中国統計年鑑2012』より作成

業態が同時に発展する状態になっている。しかも小売業態の多様化は、異なった種類の小売業態が複数出現しているだけでなく、同一業態の中でも異なるニーズを持つ顧客層をターゲットとする業態の細分化も出現している。消費需要の拡大と変化によって、さらには地域的な小売競争の激化がこうした多様化を加速させていることが注目される。

2-2　小売業態の概況

このような小売業を取り巻く環境の中で、小売業態の発展も急速に進行している。1978年に、政府が経済改革・開放を提唱し、1992年に具体的に政策を実行し、小売業に関する規制が緩和された。政府主導で小売業における外資の参入が認められ、新しい業態の小売業が急速に導入され、小売業の発展が促進されてきた。このように中国の小売市場における業態の発展は、短期間で多様な業態がほぼ同時に導入され成長するという特徴を持っている。その上、こうした多様な業態はチェーンベースで展開されているという面でも、中国市場への

導入における特徴と見ることができる。

(1) チェーンストアの展開

1990年代初期に、チェーンストアは本格的に中国に登場し始めた。ファースト・フード、日用雑貨、食品、建材などの業種の普及により、チェーンストアは中国で急速に発展するようになった。その中で、国有企業から転業した店舗が多く存在しており、直営店によるレギュラーチェーンが多く占めていることも特徴の一つであった。1990年代後半から、政府の行政介入により、フランチャイズに関する法律が整備され、フランチャイズチェーンストアが急速に増加している[4]。

(2) 小売業界における業態の分類

中国は、WTO加盟時の承諾事項に基づき、2004年末までには商業分野における外国企業に対する規制（投資地域、出資比率、店舗数等）を撤廃する。商業領域における投資速度を促進させるため、商務部は従来の小売業業態基準に修正を加え、2004年に新『小売業業態分類』を公布した。国家基準に基づき、その営業方式、商品構成、サービス機能などによって17区分に分類している（図表2-7を参照）。中国において小売業態の多様化の動向を反映し、小売業の業態分類が作成されるまでになった点も注目してよいであろう。

3．外資系小売企業の中国進出

中国小売業界における対外開放は政府政策の下で慎重に進んできた。開放の進行に伴い、外資系小売企業は次々と中国に進出し、国内小売企業にインパクトを与え、共に成長してきた。

この節は外資系小売企業の中国参入の概況を分析し、業態展開の特徴や中国市場に与えるインパクトを明らかにする。

3-1 進出の概況

すでに述べたように、中国は、1978年12月中国共産党の第11回会議第3次総

図表2-7 小売業の業態分類

	業態		備考
1	食雑店		タバコ、飲料、スナック菓子などの小規模販売店　traditional grocery store
2	コンビニエンスストア		convenience store　CVS
3	ディスカウントストア		discount store　DS
4	スーパーマーケット		supermarket　SM
5	ハイパーマーケット		hypermarket　HM （中国ではHMとGMSを同一業態として扱う）
6	ウェアハウスクラブ		倉庫販売形式　warehouse club　WHC
7	百貨店		department store　DP
8	専門店	専業店	特定分野の商品を専門に売る小売店 specialty store　SS
9		専売店	特定ブランド商品などを専門に売る小売店 exclusive shop　ES
10	ホームセンター		home center　HC
11	ショッピングセンター		shopping center　SC
12	メーカー直販センター		factory outlets center
13	テレビショッピング		television shopping
14	通信販売		mail order
15	インターネットショッピング		shop on network
16	自動販売機による販売		vending machine
17	テレフォンショッピング		tele-shopping

出所：中国国家質量監督検験検疫総局「小売業業態分類」2004年6月9日より作成

会で、経済の改革・開放を国策として確立し、中国経済の大規模な発展がスタートすることになった。とくに、2001年12月に、中国はWTOへの加盟を果たし、この加盟は中国市場の対外開放度を高め、市場経済体制の発展及び中国の経済成長を促進した。2004年12月以降、中国の小売市場は完全開放になり、外

資系小売企業の中国進出がいっそう活発化している。

中国には、世界流通企業の大手がすでに進出している。カルフール、ウォルマート、オーシャン、ロータス、メトロ、B&Qなどのグローバルリテーラーは中国における出店を競っている。日本からも、1992年のヤオハンに始まり、百貨店、総合スーパー、ショッピングセンター、コンビニエンスストア等が相次いで進出している[5]。

外資系小売企業の業態展開の傾向を見ると、当初は華僑や日系のヤオハンのように本国では総合スーパーやスーパーマーケットがメインな業態でも、中国市場では大型店での百貨店業態として出店を行っていたケースも見られた。しかしフランスのカルフールなどは、中国市場において、ハイパーマーケットというフォーマットで展開し、低価格戦略で集客した。世界最大の小売企業である米国のウォルマートは、ディスカウントストアにスーパーマーケットを加えた「スーパーセンター」、会員制の「サムズクラブ」、食品中心の「ネイバーフットマーケット」などで多業態を展開している[6]。また、日本の総合スーパー業界の大手イオンは中国の華南地域を出発点に、総合スーパー、ショッピングセンター、コンビニエンスストアなどを中国各地で展開している。

中国に進出している外資系小売企業を考察してみると、共通している特徴が見られる。参入当初は本国で成功の実績をもつ主力業態を一つ限定して出店させる傾向を示していたが、進出後の時間的経過とともに、地域の消費者ニーズの変化や競合企業との業態同質化を反映して、次第に複数の業態を組み合わせた、いわゆる1企業1業態から、1企業多業態戦略が重視される傾向が現れている。

3-2 外資系小売企業の参入による小売業態へのインパクト

先進国と比べ、中国における小売業態の発展の歴史は短く、各業態がほぼ同時に中国市場に登場している。このような小売業態の発展プロセスは欧米とは異なっている。

外資系小売企業は中国に進出して以来、中国の流通業界に大きなインパクトを与えている。外資系小売企業の積極的な参入により、中国小売業の発展が促進され、国内小売企業には現代的な小売方式や新業態導入への大きな刺激を与

えた。

　80年代から90年代前半にかけて、中国の小売市場の発展は、主に生鮮食品市場を中心に行われてきた。また大都市や地方主要都市などのような商業地域においては、対面販売という国有の伝統的な食品店や百貨店が立地していた。当時、消費需要が少なく、多くの店舗は単独の出店で、セルフサービスやチェーンストアの経営方式はなかった。

　90年代に入り、中国政府がチェーン・オペレーションや物流センターなどの流通技術とノウハウの導入、そして商業インフラ整備のための資金導入などの目的で行政介入を行い、小売業に関する規制を次第に緩和し、95年にはチェーンストアの設立を認めるようになった。その後、WTOに加盟し、2001年から2004年までは、外資に対する小売業の全面的開放までの過渡期ともなったが、同時に国内小売企業に対する最後の保護期間ともなった。2004年12月以降、外資系小売企業に対する参入規制は撤廃された。外資系小売企業は中国小売市場への新業態の導入を積極的に行うようになり、中国市場において新小売業態が成長しかついっそう多様化するようになった。

　外国資本の大量導入は、都市の伝統的な街や小売業態の改革を促し、売場環境やサービスなどの要素で消費者に利便性を与えてきた。そして、顧客の様々なニーズに応えることで、小売市場の繁栄に大きな役割を果たしてきた。

　図表2-8が示すように、中国市場には海外で展開されている主要な業態のほとんどが一気に導入されている。経済改革・開放などの行政変化や外資系小売企業の参入により、中国小売業態の近代化及び多様化が推進されている。

　業態レベルから見ると、外資系小売企業の参入により、中国の小売構造が変化し、既存業態に加えて新たな総合スーパー、コンビニエンスストア、専門店のような業態が導入され、小売業態の多様化を生み、小売業の全体的な規模が拡大してきた。企業レベルから見ると、外資系小売企業の参入後、市場メカニズムの影響を受け、より多くの消費者ニーズに対応するように、企業単位で多様な業態を展開し、中国市場において小売業態の多様化を促進してきた[7]。

図表 2-8　中国市場における小売業態の多様化

```
┌─────────────────┐                    ┌─────────────────┐
│   既存主要業態    │                    │   外資参入業態    │
│ （改革・開放以前） │                    │ （改革・開放以降） │
└─────────────────┘                    └─────────────────┘
```

既存主要業態（改革・開放以前）
・伝統的な自由市場
・伝統的な食品店
・伝統的な百貨店

→ 行政介入（注※） →

外資参入業態（改革・開放以降）
・百貨店（DP）
・総合スーパー（GMS）
・スーパーマーケット（SM）
・コンビニエンスストア（CVS）
・ショッピングセンター（SC）
・ウェアハウスクラブ（WHC）
・専門店（SS）
・ホームセンター（HC）など

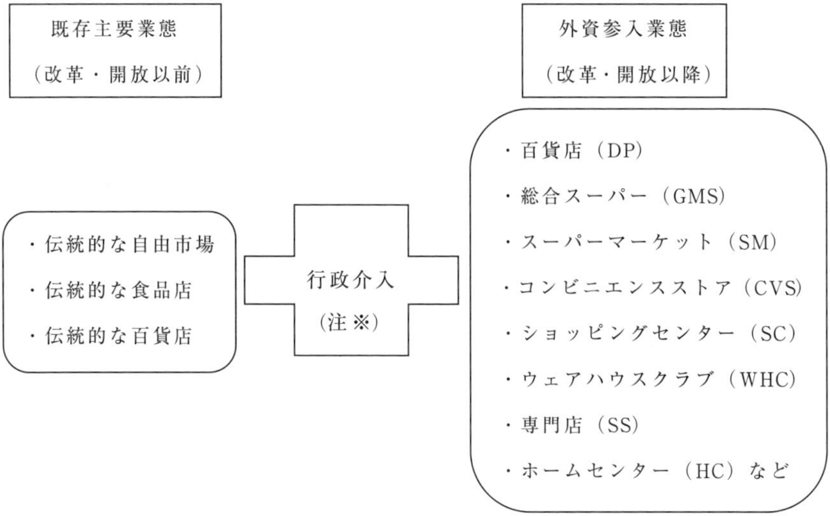

注※：経済改革・開放政策の実施により、小売業に関する規制が緩和され、外資系小売企業の参入が認めるようになった。
出所：楊陽（2012）「中国市場における小売業態の多様化の発展プロセス―外資系小売企業の進出を中心として―」『専修マネジメントジャーナル』専修大学経営研究所　P.61。

4．中国市場における小売業の主要業態

『中国商務年鑑2010』の統計数字によると、2009年末まで正式に行政で登記した企業は国内外企業が合計1,305社に及ぶ。図表2-9に示したように、2009年末まで、中国市場における外資系小売企業の数は全部で188社あり、メインに展開している小売業態は総合スーパー業態である。この節では、中国市場における主ないくつかの業態を検討してみる。

4-1　百貨店

世界初の百貨店は1852年のパリに創業したボン・マルシェだと言われている。これと比べ、中国における百貨店の歴史を遡ると、1900年東北地方のハルビン

figure 2-9 中国市場において登記された小売企業数（業態別2009年）

登記種類	総計	CVS	DS	SM	GMS	WHC	DP
合計	1305	96	4	458	124	6	105
国内企業	1117	83	2	447	60	3	89
華人華僑資本企業	66	7	—	4	14	—	11
海外企業	122	6	2	7	60	3	5

登記種類	SS（ガソリンスタンド）	ES	HC	メーカー直販センター	その他
合計	1203（209）	268	19	6	28
国内企業	1154（192）	229	6	6	27
華人華僑資本企業	12（2）	25	3	—	—
海外企業	37（15）	14	10	—	1

出所：中国商務部『中国商務年鑑2010』P.52より作成

でロシア資本によりオープンした「秋林公司」が最初の百貨店である。その後、「先施百貨公司」（香港資本）は1912年6月20日に広州で、1918年には上海でオープンし、「永安百貨公司」（香港資本）は1918年9月5日に上海で開店した。また、1925年上海でオープンした「新新百貨公司」、1935年上海でオープンした「大新百貨公司」を加えた4つの百貨店は「四大公司」と呼ばれ、建国前の中国商業界のシンボルといえるであろう。1900年から1948年までは中国百貨店の生成期であった。

1949年から1995年までは中国百貨店の成長期であった。中華人民共和国が成立してから、すべての百貨店は続々と民営化され、ゆっくりと定着し成長してきた。1990年代、中国の流通開放が始まり、百貨店業界は発展段階に入り、同業態競争だけではなく、異業態との争いも激しくなってきた。この時期においては、外資系小売企業の進出の影響を受け、中国の伝統的な百貨店は徐々に近代百貨店業態に転換するようになり、マーケティング手法を積極的に取り入れ始めた。

図表 2-10 撤退した外資系百貨店

企業名	本社	出店時期	撤退時期	買収企業
オ・プランタン	フランス	1996/4	2005/5/24	上海益民百貨股份有限公司
上海ジャスコ	日本	1996/9/17	2000/7/24	太平洋百貨店
マイカル	日本	1998/9/19	2003/6/25	大商集団

出所：李飛、王高（2006）『中国小売業の発展歴史』社会科学文献出版社 P.366より作成

　1996年の時点で、全国の百貨店が212店舗あり、2000年に273店舗まで拡大した。2000年から、中国の百貨店業界はチェーン・オペレーションを行い、その業態を中核として多業態の発展を図った。上海一百集団（上海百聯集団傘下集団）、大連商場集団公司、太平洋百貨、北京王府井百貨公司、華聯商厦、パクソン（Parkson）などは中国各地で定着してきた。WTO加盟以降、百貨店市場における競争が激しくなり、経営不振で撤退する企業のケースもあった（図表2-10を参照）。2011年末まで、中国市場においては、百貨店の店舗数が4,826店舗、総売上高が3,226.8億元に達している。

　1990年代初期、中央政府の行政介入により、小売業に関する開放政策を実施した結果、中国市場では「同時にさまざまな業態が出現する」特徴を持つようになり、百貨店業態も他業態と競争する時代に移行している。

4-2　総合スーパーとスーパーマーケット

　1930年、世界初のスーパーマーケットはアメリカでマイケル・カレンにより生み出された。スーパーマーケットが中国に導入されたのは1980年代であった。

　1981年4月12日に、広州で開業された「広州友誼商店」は中国本土のスーパーマーケットの1号店であった。対面販売という伝統的な習慣を続けてきた中国市場に、「セルフサービス」を導入し、一時的に人気が集まった。しかし、この時期にはチェーン・ストアオペレーションはまだ導入されておらず、当時の中国では、物不足や配給制度などの存在のため、スーパーマーケットは暫く経ってから市場から姿を消してしまった[8]。

1990年代に入り、改革・開放政策を実施し、経済が着実に発展しており、中国では近代的なスーパーマーケットが導入された。1991年にチェーンストアが導入され、上海で設立された「上海聯華超市」は中国流通分野におけるスーパーマーケットの新たなスタートと言えるであろう。その後、スーパーマーケットは中国各地で出現し発展してきた。2007年の時点で中国におけるスーパーマーケットは10,260店舗にのぼった。また、1995年、カルフールはハイパーマーケット業態を中国市場に初めて導入し、ロータス、オーシャン、それに総合スーパーのイオンも中国で発展し始めた。

　流通市場の対外開放に伴い、外資系小売企業はこの波に乗り、中国市場に相次いで参入してきた。一方で中間層の増大を背景に消費水準の向上や消費需要が拡大し、その結果、流通分野において中国各地で多様な業態が同時に出現し、なかでも総合スーパーとスーパーマーケットは主要業態となった。

　近年、中国において、総合スーパーとスーパーマーケットの売上高は年々増加しており、商業分野で最も活躍している業態である。この２業態は豊富な品揃え、低価格販売などの経営戦略で、ワンストップショッピングを実現させ、消費者のニーズに対応できるようになってきた。

4-3　ショッピングセンター

　1980年代後半から、中国各地で不動産開発ブームが生まれ、上海、北京、広州など経済が発展している地域でディベロッパーにより商業用の建物が開発された。商業用の建物はショッピングセンターとして、統一管理された。この時期はショッピングセンターの導入期と言われている。1996年、「広州天河城広場」が開業された。天河城広場は天河区の中心部にあり、地上7階、地下3階の規模で、ショッピング、娯楽、飲食、各サービスを一体化する大型の複合商業施設である。

　中国の主要都市における代表的なショッピングセンターは、北京市の「万通」、「新東安」、「国貿」、上海市の「八佰伴（ヤオハン）」、「友誼南方商場」、広州市の「天河」などである。これらのショッピングセンターは、ほとんど外国企業との関わり（資本、建設、運営などの面で）があり、外資系小売企業の経営ノウハウなどを取り入れているのが特徴である。しかし、これらのショッピング

センターの多くは、都市の中心部に立地し、莫大な投資資金を必要としたため、運営コストが高く、高額なテナント料を徴収しており、高めの商品価格、過少な駐車場などから売上高が伸び悩んでいる。さらに、数多くのショッピングセンターは経営不振に陥った百貨店からの業態転換であったため、百貨店よりも高い運営ノウハウが要求され、健全な経営が困難となっている。現在、中国のショッピングセンターは導入期から成長期に入ったと言われながら、一方で、中国におけるショッピングセンターの歴史が短く、しかも多くの経営内部要因や環境要因（管理人材の不足、出店資金の不足、都市計画の制約、行政の介入など）がこの業態の発展を阻害しており、当該業態の運営はまだまだ多くの課題を抱えている[9]。

5．まとめ

本章では、中国市場についてマクロ環境、ミクロ環境の両面から小売環境の変化を分析したうえで、中国小売市場や小売業の全貌を確認してきた。中国小売業を取り巻く環境の変化を背景に、中央政府の介入により小売業が開放されるようになった。外資系小売企業の参入は中国小売業態発展の要石となり、「様々な業態がほぼ同時に中国市場に導入され始めた」。参入後、国内小売企業への新業態の導入や小売経営技術の移転を刺激し、企業間の競争や消費需要の変化に応じ、小売業態の多様化が進んでおり、小売企業が多業態に基づく異業態間で競争しながら発展していることを分析してきた。

つまり、マクロ環境からみると、中国小売業態が発展するようになったきっかけは政府の行政介入による外資系小売企業の進出であり、政府の行政介入、消費需要の拡大と多様化、企業間の競争の活発化などを通して小売業態に大きな影響を与えたと考えられる。また、ミクロ環境からみると、外資系小売企業の参入により、国内小売企業は厳しい競争環境におかれ、生き抜くために、企業改革を行い、グループ化、民営化などに経営方法を転換してきた。市場全体においては、企業間の競争だけでなく、同業態間の競争や異業態間の競争などが激化している。また中国小売業態の発展は地域差などの原因によって、異なる影響を受けている。

本章においては、外資系小売企業の進出概況や中国小売業態に与える影響などについて分析し、また中国市場においては、主要業態である百貨店、総合スーパー、スーパーマーケット、ショッピングセンターなどの発展現状を明らかにし、中国小売業の近代化は外資系小売企業の参入に緊密な関係にあることを確認してきた。

1) 本研究では行政介入とは、小売流通における規制政策や業界に対する振興策を意味する。WTO加盟以降、中国の小売市場は行政による規制緩和で、自由な参入が行なわれ、次第に市場メカニズムによる調整が働くようになったといわれるが、根本のところでは国と地方の政府レベルでさまざまな行政介入が行われており、管理型の市場システムという性格を有している。このことは、中国小売市場では市場のメカニズムの働きに依存する割合が増えつつあるが、依然として政府による規制強化と規制緩和の組み合わせで小売業態の多様化が生み出されている。
2) 国内総生産（GDP：Gross Domestic Product）とは、国内の生産活動による商品・サービスの産出額から原材料などの中間投入額を控除した付加価値の総額である。
3) 『中国統計年鑑』の説明によると、社会消費財小売総額（Social Retail goods）は国民経済における各業種が住民や社会集団に直接販売する消費財の総額である。この総額は卸売・小売業、飲食店・宿泊業、その他の業界の総額数字である。
4) 柯麗華（2007）『現代中国の小売業』創成社　P. 94。
5) 楊陽（2011）「グローバルリテーラーの海外進出戦略に関する研究―カルフールとイオンの中国進出戦略の事例分析を中心として―」『専修社会科学論集』専修大学　PP. 73-100。
6) 寺嶋正尚（2003）『よくわかる中国流通業界』日本実業出版社　P. 108。
7) 楊陽（2012）「中国政府の行政介入による小売業態の多様化」『企業経営研究』日本企業経営学会　第15号　PP. 73-92。
8) 楊陽（2011）前掲論文　PP. 100-125。
9) 柯麗華（2007）前掲書　P. 94。

第3章　中国市場における行政介入の変遷

1．中国小売市場の対外開放の流れ

　1949年10月1日に中華人民共和国が中国共産党により設立された。建国して以来、中国は大きな変化をもたらした。1978年に改革・開放政策を国策として実施し、1997年に香港、1999年にマカオが中国に返還され、2001年にWTOの加盟により経済の発展が加速された。また2008年に北京オリンピックを盛大に開催し、2009年に建国60周年式典を行った。60年以上を経過する中で中国は国際舞台での影響力を高めるとともに、世界トップ2の経済大国となった。

　急速に変化している中国では、流通の近代化が進んでいる。歴史的な側面から中国の流通のプロセスを考察するために、建国の1949年以降の商業発展を大枠で7つの時期に分けることができる[1]。すなわち、「計画経済期以前」時期、「計画経済期」、「経済改革・対外開放」、「漸進的開放」、「整理整頓」、「原則的な全面的開放」、「WTO加盟後」といった7つの時期である。中国経済発展を7時期に詳しく分けることより、中国建国初期から流通業の形成過程や、外資参入の禁止から緩和に至る経緯を明らかにする。この分析によって、中国経済発展の背景や特徴が明確になると考えている。このような7時期を導出するに至った経緯を、以下の考察で明らかにする。

1-1 「計画経済期以前」時期(1949~1952)

　1949年に中国が成立し、1952年以降は新民主主義経済思想の方針が中国で徹底的に実施されてきた。この時期は「国民経済が回復する時期」とも呼ばれている。この実践の中で、国有経済を中心に多様な経済方式が並存する形で、行政管理、計画指令、計画指導、市場調節など複数の手段で経済運営体制をコントロールしていた。

　中国中央政府の支持と保護のもとで、国有経済は国民経済の主導的地位を占めていた[2]。鐘淑玲(2009)によれば、国有経済を形成した背景の中で、「中国国有の流通システムには商業部系統と供銷合作社系統の二大系統があった。そのうち、商業部系統が主システムであり、供銷合作社系統が副システムである。」と論じている。

　「商務部」の前身となる組織—「中国人民政府貿易部」は1949年11月に、中国政府の成立とともに設立された。「対外貿易部」、「対外貿易経済合作部」などへの組織改造を経て、2003年3月に「商務部」として成立した。主な役割は貿易や国際経済に関する協力関係の発展を促す政策の実施、国内市場の流通体制改革、輸出入に関する管理、外資に関する政策の実施などである[3]。

　1950年7月、中華全国合作社聯合総社が設立され、全国の供給、消費、信用取引、生産、漁業及び手工業などを統一管理する部門であり、農民を対象にする合作経済組織でもある。

　鐘(2009)によれば、「二大流通システムの大きな違いは、商業部系統は国有企業を傘下におさめているのに対し、合作社系統は協同組合形式による企業であり、集団所有制がほとんどを占めていた。また、二大流通系統以外にも多数の個人経営者が商品流通を担っていた。」と分析している。商業部系統は国内外の貿易を担い、国際経済合作の役割を果たす部門である。供銷合作社系統は農村における農民の生産や生活を満たすために設立された販売生産機構であり、生活用品、農産品、副業産品などを提供する商業機構の役割も果たしている。

　この時期においては、中国の流通業は完全に国家の管理の下で運営されており、異なる業種を主軸に小売活動を行い、国有百貨店や食品店が主要業態であった。

1-2 「計画経済期」時期（1953～1977）

中国が成立して、以来11個の「五ヶ年計画」を実行してきた。1953年から1980年にかけて、最初の5つの「五ヶ年計画」を実施し、この中で、1953年から1977年までは中国の計画経済期と呼ばれ、「高度集中的な国家体制」時期とも呼ばれている。

この時期における国有化により、農村初級市場に出す農産品の種類や数量は急激に減少し、物資の流通は停滞状態になり、農村市場の縮小により収入の減少などで国民生活に不便さを生み出した。1956年10月に、国務院は、「農村市場管理の緩和に関する指示」を公表し、国家による自由市場の設置を通し、これらの問題を解消する政策を実行した。1957年の春、農村自由市場経済がいっそう活発になった。これにより個人経営の商業にもチャンスが訪れたといえる[4]。

しかし、1958年の大躍進運動は、バブル期をもたらした。1966年から1977年までは、中国では文化大革命が起こり、個人経営企業の活動は再び大きく制限されるようになった。自由市場は農民の「副業」などから成り、それらは「資本主義のシッポ」として厳しく批判され、その多くは閉鎖される結果になった。1978年に、個人経営の小売企業は1961年の65万社から9万社に激減した。

この時期においては、個人経営の商業が時代の流れによって大きな影響を受け、特に主要小売業態の一つである自由市場の発展は制限され減少する傾向になり、国有百貨店・食品店は引き続き主導的な地位を占めた。

1-3 「経済改革・対外開放」時期（1978～1992）

文化大革命が終わり、1978年から中国は「経済改革・対外開放」の時期に入った。1992年7月までの間は「原則的閉鎖」時期とも呼ばれている。

1978年12月、共産党は北京で挙行された中国共産党第11期中央委員会第三回全体会議を通じ、文化大革命期の清算及び経済改革・対外開放路線を定めた。これを契機に中国の経済は市場経済制への移行を試みた。また、外資企業の中国参入の規則などは徐々に緩和され始めた。

1979年、国務院が零細業者による商業分野での経営活動を積極的に支援し始めた。対外開放に関し、同年7月に、第5回全国人民代表大会第2次会議により「中華人民共和国中外合資経営企業法」という最初の外資法が定められた。

「経済改革・開放」の政策に沿い、深圳、珠海、汕頭（スワトウ）、厦門（アモイ）の4つの都市経済特別区が指定され、開放のモデルケースとなった。

外資企業の導入について、その後、1986年4月12日に「中華人民共和国外資企業法」、1988年4月13日に「中華人民共和国中外合作経営企業法」などが次々に公布され、外資企業の参入条件を緩やかに緩和してきた。

中国市場へ参入する外資企業については、国家政策として参入条件を徐々に緩和することで、大きな参入促進となってきたにもかかわらず、参入業種が限られていた。今までの開放政策では、工業・製造業を重点に政策を定めてきたが、流通分野では三資企業[5]の参入は原則的に禁止されていた。

「中華人民共和国中外合資経営企業法」第3条には、小売業及び卸売業を開放の対象外にする旨が記されていた。1990年12月、対外貿易経済合作部は国務院の了承に基づき、「合併企業法・法律実施細則」を発表したが、この「細則」には、第4条である100％外国資本の企業が中国国内の卸売・小売業及び国際貿易に従事することを禁止する条項が盛り込まれていた[6]。

「経済計画期」に制限された個人経営の自由市場はこの時期においては蘇生し始め、まだ生産主導の時期であったが、自由市場は流通業として徐々に役割を果たし、中国の小売市場における地位を築き、国有百貨店や食品店と同様に主要業態になりつつあった。

この「経済改革・対外開放」の時期では、対外開放の業種に制限があり、卸小売の外資企業の中国市場進出が禁じられていた。こうした参入規制の下で、中国国内の零細業者などの流通業は中央政府の保護により成長してきた。

1-4 「漸進的開放」時期（1992～1997）

1992年に入り、中国では社会主義市場経済体制の形成が始まり、小売業の近代化が加速した。1992年7月に、「商業小売分野への外資導入に関する通達」が国務院より提出され、限定的ながら小売業が外資に開放された。

1993年3月、国務院の承認を受け、国家発展計画委員会は「国家第三次産業開発計画に関する基本方針」を発表した。この「基本方針」に従い、特定都市あるいは地域において、小売・供給・販売に従事する中外合弁企業を試験的に創設できるようになった。1995年6月に、「外資導入の方向を指導する暫時的

規定」と「外資導入分類指導目録」を国務院が国家発展計画委員会、国家経済貿易委員会、対外貿易経済合作部の連名で公表している。小売業、卸売業、物資供銷業（生産財の卸売業）を投資制限業種の乙種に入れていたが、制限付きで外国投資が導入された。外資の参入を大幅に許可したが、100％外資による参入は認めなかった[7]。

　1995年10月、上海または北京で、中外合弁によるチェーンストアを2社試験的に設立することが許可された。中国側の出資比率は51％以上、合弁の年数は30年以内とする形で設立された。同年11月には流通外資が進出できる地域を拡大する方針が明示された。

　1996年4月、外資小売業の進出先は沿海地域から内陸地域へ拡大した。さらに、それまでの単店方式に限らず、多店舗方式の出店、すなわちチェーンストア事業の展開が認可された[8]。

　この時期から、外資系小売企業が中国に進出しはじめ、先進的な販売方式を持つ小売業態を導入し、中国市場における小売業態が多様化しはじめた。

1-5　「整理整頓」時期（1997～1999）

　中国政府は外資小売業の参入を認めたが、小売業の開放に対し相変わらず慎重な態度をとり続けていた。ところが、1992年の国務院規定の認可条件が厳しく規定され、かつ手続きが煩雑で長時間を要した。さらに、地方官僚は対外開放の業績を達成する熱意があったため、地方政府が国務院の了承を取らずに、独自に外資系小売企業を導入し認可する行動が中国各地で見られ、こうしたいわゆる越権認可企業の「地方認可型」外資系店舗は1998年までに199社も設立された。日系、欧米系の大手外資系企業の多くも実際は地方政府の認可で事業展開していた。中国流通業界で典型的な例の一つはフランスのカルフールであった。当時、カルフールは規模の経済性を達成するために、中国全土に迅速なスピードで出店していた。しかしすべての店舗は地方認可で開店していたことで、のちに中央政府による一時出店禁止の結果を招く重大な原因となった。

　中央政府は「委任管理経営」（国内小売企業が外国企業に管理を委任する方式、）「リース経営」（外国企業が中資企業店舗から売り場のリースを受ける方式）、「専門店経営」（外国企業が商標権譲渡により、中資企業の売り場に自社

ブランドの商品を提供する方式）など様々な設立方式をすべて違法と見なしていた。1997年5月、国務院は「非試点外資系商業企業の調査・調整に関する商業部通達」という緊急通知を公布し、地方政府による外資企業認可が即時停止された。その後、国家計画委員会、外国経済貿易部、国内貿易部、国家工商局は共同で地方政府が認可した小売合弁企業を審査することになった。審査の結果に基づき、1998年9月国務院が「非試点外商投資商業企業の整理に関する通知」（国務院98号文件）を発表し、各外資系小売企業の改善命令を下した[9]。

その結果、地方政府認可の外資系小売企業のうち42企業は引き続き経営を許可し、199企業は改革を要求された。さらに、36社の経営免許が取り消された[10]。

中央政府は「整理整頓」の時期において、「地方認可型」外資系企業に対し改善を求めるとともに、1998年4月、小売業の対外開放試験的地域を11都市から31都市までに拡大することを発表した。このことで小売市場における新業態の地域的拡大が促進され、次第に業態の多様化が始まった。

1-6 「原則的な全面的開放」時期（1999～2001）

中国は対外開放を継続し、商業企業の改革・発展と国内市場の構築を促進するために、1999年6月25日に国家経済貿易委員会及び対外貿易経済合作部は「外商投資商業企業試点方法」を公表した。この「試点方法」に従い、「試点」は各省都、自治区における区都、直轄市、計画単列市[11]、経済特別区にまで拡大された。また、この「試点方法」は合弁事業について、審査の基準が具体的に規定され、外資参入の最初の専門規則となった。

この「試点方法」は認可した合弁企業の輸出入の権利を認め、中国の貿易も促進した。1980年代後半から、中国政府は貿易戦略を実行してきた。経済成長を促進するために、1986年からWTOの加盟に力を注ぎ始め、13年の歳月を経て、1999年ようやく中米両国間の中国WTO加盟問題を巡る「中国WTO加盟協議」に調印した。流通業界においては、外資の活動を認め、大規模な百貨店及びチェーンストアの合弁に関する規制が撤廃された[12]。（図表3-1を参照）

1-7 「WTO加盟後」時期（2001～現在）

2001年12月11日に、中国はWTO加盟により流通近代化を加速した。2002年

図表3-1　中米「中国WTO加盟協議」における小売業の概要

	小　売　業
出資比率	・加盟後2年以内に外資独資に開放。 ・加盟後3年以内に出資制限撤廃。
地理的・数量的制限	・WTO加盟時、経済特区、6都市(北京・上海・天津・広州・大連・青島)以外に鄭州、武漢に合弁設立可能。 ・但し参入企業は北京、上海は4社以下、それ以外は2社以下とする。 ・加盟後2年以内に全省都、重慶、寧波に合弁設立可能。 ・加盟後3年以内に地理的、店舗数の制限撤廃。
取扱品目	・加盟後1年以内に許可（書籍・新聞・雑誌）。 ・加盟後3年以内に許可（薬品類・殺虫剤・フィルム・精製油）。 ・加盟後5年以内に許可（化学肥料）。

出所：扇常夫「中国小売業・卸売業の開放の現状と今後の見通し」中日投資促進機構　http://www.jcipo.org/shiryou/kouri1.html　2005/7/19掲載内容より作成

　3月、国務院、国家計画委員会、国家経済貿易委員会、対外貿易経済合作部より、新しい「外商投資産業指導目録」を発表した。新「目録」は奨励、許可、制限、禁止の4種類で構成し、積極的に外資参入を奨励した。そして、小売業は以前、制限業種である乙種に位置づけられていたが、全額外資企業の設立は認めない規制から、奨励業種となり、2004年に外資独資が認められた。

　WTO加盟により、外資流通業の参入が活発化し、中国流通業界に大きな影響を与えた。外資参入制限の緩和を契機に、流通の近代化を加速するとともに、先進的な小売経営ノウハウ・技術、資金などがもたらされ、中国における流通環境が一段と整備され、国内商業企業の経営形態の改革は継続的に行われていた。さらに、チェーンストア企業やフランチャイズ経営の拡大、POSシステム普及、物流配送システムの導入などにより、様々なタイプの小売業が発展するようになり、競争も活発に行われるようになった。

　この中で、国有商業企業は積極的に改革と再編成を行ってきた。2003年3月、国内外の商業と貿易、国際経済協力を担当する部門として、国務院の指示により商務部が新設された。2005年、国務院は流通業の発展を促すため、国有商業企業の再編、経営不振企業の処分、大型商業企業集団の育成、中小商業企業の活性化、チェーンストア経営の促進、近代的な経営方法の導入、物流配送セン

ターの設置、情報化などについて、全国の各部署と取り組み始めた。2002年末までに大中型小売チェーンストアの90％以上がPOS（販売時点情報管理）システムを導入し、50％以上がバーコードを利用しているほか、製販企業間の電子データ交換EDI（Electronic Data Interchange）や全地球測位システムGPS（Global Positioning System）、イントラネットなどを導入している企業も徐々に増加した。小売業態の多様化はいっそう発展するようになった。

外資系小売企業の在中規模が拡大している中、中国国内の国有集団企業は競争力強化のため、企業再編を積極的に行った。その中では、国内の有力な国有小売企業4社は再編により、上海の百聯集団を誕生させ、中国最大の商業集団として生まれ変わった。

これまで述べたように、中国の小売市場における対外開放は1992年に本格的に始まった。小売業国際化の展開は中国政府の政策という政治要因に大きく影響されてきた。また、外資企業の参入方式、出店行動、経営戦略、政府政策の対応方針などは中国の経済体制などの要因に左右された。

1992年、中国政府は「商業小売分野への外資導入に関する通達」を適用し、上海に日本ヤオハン、香港ヤオハン国際と上海第一百貨店による合弁の第一八佰伴公司（上海新世紀商厦）が誕生した。チェーンストアについては、1995年10月には、北京と上海に2件だけ中外合併企業によるチェーンストアの経営が「試点」として認められ、1997年までには華僑企業に加え、中央政府認可による小売合併企業は20社にまで増加し、2000年さらに29社に増えた。ただし、100％外資による独資企業は依然として認められなかった。2001年のWTO加盟により、中国流通分野の外資導入の状況が変化した。2003年までに実際に中国国内市場に参入した企業は360社に達した。2006年まで、世界の50の大手小売企業の大部分が中国に進出し、急速に拡張している[13]。

2．政府の行政介入による業態の選択と発展プロセス

中国が開放・改革政策を実施して以来、政府による小売業発展のための推進政策として、先進的な小売技術や新しいタイプの小売業態が導入されてきた。小売業態の発展は中国の経済発展時期をベースに、中国の行政介入時期、ある

いは改革開放政策により、テスト時期、適応・調整時期、発展時期、拡張時期と競争時期の5時期に分けられる[14]。また、中国市場に参入する外資系小売企業に対し、設立年度、資本金、グローバルな販売ネットワーク、年間売上高、知名度などの条件を厳しく制限していた[15]。

2-1 テスト時期（1992〜1995）

1992年に入り、経済改革・改革が本格的に実施され、外資系小売企業の中国進出に関する制限が緩和され始めた。前述したように、1992年7月に、「商業小売分野への外資導入に関する通達」の提出により、限定的ながら小売業が開放された。この通達により、北京・上海・天津・広州・大連・青島及び5つの経済特別区への外資参入が限定され、各地域に1つまたは2つの外資企業がテストケースとして認められた。投資形態は合弁または合作に限られ、100％外資は許可対象外とされた。また、経営範囲は百貨店形態での国内仕入・輸入品の小売及び中国製品の輸出に限り、卸売及び輸出入代理業務は認められていなかった。

図表3-2のリストによると、テスト期間においては16社が中国に進出し、百貨店を中心に展開してきた。この中で、新世界百貨やパークソンなど、10社が18店舗をオープンし、そのうち百貨店は16店舗であった。当時百貨店への投資がブームとなっていた。

2-2 適応・調整時期（1995〜2001）

適応・調整時期の初期（1995〜1999）においては、上海または北京で、中外合弁によるチェーンストアを2社のみ試験的に設立することが許可され、また、経営範囲は百貨店業態以外にも、生鮮食品や日常生活用品を扱う総合商品業態なども認められた。この期間を契機に多様な業態が中国に導入されるようになった。

この期間において、17社が新規に中国に進出し、百貨店のみならず、総合スーパー、ウェアハウスクラブ、ホームセンター、コンビニエンスストアなどの成長性のある新業態も展開され、流通効率性の良い総合スーパー業態は外資企業の優先選択になっていた。初期においては、トラストマートやカルフールな

図表 3-2　テスト時期における外資系小売企業の中国進出リスト

	企業名	本社所在地	進出年度		企業名	本社所在地	進出年度
1	ヤオハン	日本	1992	9	東方商廈	香港	1993
2	7-Eleven	日本	1992	10	伊勢丹	日本	1993
3	恵羅百貨	香港	1992	11	新世界百貨	香港	1993
4	燕莎友誼	シンガポール	1992	12	美美百貨	香港	1994
5	サイテックプラザ	日本	1992	13	平和堂	日本	1994
6	パークソン	マレーシア	1993	14	天津大栄	日本	1995
7	新東安	香港	1993	15	カルフール	フランス	1995
8	太平洋百貨	台湾	1993	16	イオン	日本	1995

出所：李飛（2009）『中国小売業対外開放研究』経済科学出版社　PP. 64～66、『中国チェーンストア経営協会年鑑』1990年～1995年、『中国統計年鑑』1990年～1995年、及び各社ホームページより作成

　ど、19社が79店舗を展開し、香港新世界百貨は百貨店以外にスーパーマーケットを出店し、企業単位の多業態展開が始まった。

　適応・調整時期の後期（1999～2001）においては、中央政府は政策を調整し、「外国投資商業企業試行方法」が発布され、外資の参入地域を、省都（県庁所在地）・4直轄市[16]に拡大した。この期間には、3社が中国市場に進出し、業態としてコンビニエンスストア、百貨店、ウェアハウスクラブを選択した。ウォルマートやメトロなど、16社は新規に80店舗をオープンし、中でも、ウォルマートがサムズクラブを開業し、香港新世界百貨がスーパーマーケットの第2号店を設立している（図表3-3を参照）。

2-3　発展時期（2001～2004）

　1986年のGATT加盟申請以来15年を要した中国WTO加盟交渉が終結し、2001年12月11日に、中国はようやくWTO加盟国になった。WTO加盟を契機に、流通市場の対外開放と相まって、中国の流通近代化を加速した。

　流通分野の対外開放を慎重に進めてきた中国政府は、この加盟により、外資

図表3-3　適応・調整時期における外資系小売企業の中国進出リスト

	企業名	本社所在地	進出年度		企業名	本社所在地	進出年度
1	ウォルマート	アメリカ	1996	11	テスコ	イギリス	1997
2	メトロ	ドイツ	1996	12	オーシャン	フランス	1997
3	マクロ	オランダ	1996	13	大潤発	台湾	1998
4	ローソン	日本	1996	14	イケア	スウェーデン	1998
5	イトーヨーカ堂	日本	1996	15	OBI	ドイツ	1998
6	PCDストアーズ	香港	1996	16	来雅百貨	台湾	1998
7	プライススマート	アメリカ	1997	17	B&Q	イギリス	1999
8	トラストマート	台湾	1997	18	レーンクロフォード	香港	2000
9	ロータス	タイ	1997	19	イーマート	韓国	2001
10	アホールド	オランダ	1997	20	喜士多	台湾	2001

出所：李（2009）前掲書、『中国チェーンストア経営協会年鑑』1990年～2001年、『中国統計年鑑』1996年～2001年、及び各社ホームページより作成

　参入の条件について見直しを行った。内容としては、外資による独資所有が可能となり、加盟3年以内に流通に関連する地域・数量・出資比率制限を撤廃することになった。しかし、30店舗以上のチェーンストアについて、外資独資は認められていなかった。フランチャイズ・システムについては加盟後3年以内に規制が撤廃されることになった。

　この時期では、小型店舗と建材専門店[17]が中国小売業界の中で注目された。7社が中国市場に進出し、小型スーパーとコンビニエンスストアは外資系小売業の補充業態[18]として中国に導入された（図表3-4を参照）。例えば、カルフールのDia％（DSハードディスカウント）・Champion（SM）、大潤発の喜士多（CVS）などである。大都市における競争の激化により、大型店舗（GMSなど）の市場は徐々に飽和状態になり、小型の店舗作りの必要性が強まってきた。大都市においては、小型店舗は補充業態として登場し、さらに消費者ニー

図表3-4　発展時期における外資系小売企業の中国進出リスト

	企業名	本社所在地	進出年度		企業名	本社所在地	進出年度
1	OKコンビニストア	香港	2002	5	Champion	フランス	2004
2	Dia%	フランス	2003	6	久光百貨	香港	2004
3	ファミリーマート	台湾	2004	7	特力和楽	台湾	2004
4	Leroy Merlin	フランス	2004				

出所：李（2009）前掲書、『中国チェーンストア経営協会年鑑』2002年～2004年、『中国統計年鑑』2002年～2004年、及び各社ホームページより作成

ズの多様化・個性化に対応し、より多くの市場を獲得した。

　また、この時期においては、外資系小売企業は出店スピードを加速し、パークソンやイオンなど、25社が新規に225店舗を展開し、業態が主に総合スーパーと百貨店であった。中でも、ウォルマートは広東地域でネイバーフッドマーケットという新業態を展開した。

2-4　拡張時期（2005～2007）

　中国政府によるWTO加盟の公約により、2004年12月11日以降、外資系小売企業に対する地理的制限や出資比率制限などの規制が全面的に撤廃され、独資投資[19]が認められ、小売業の完全開放の時代を迎えた。

　WTO加盟に伴い、中国経済は急速に成長し、中間所得層が増え、消費需要も変化してきた。この時期においては、ザ・ホーム・デポや新光天地など、6社が中国に進出し、このうち百貨店は3社、ショッピングセンター、専門店、ホームセンターはそれぞれ1社である。この時期においては、総合スーパーと百貨店業態以外、ホームセンター業態が著しく成長し、店舗数が拡大した。また、ベストバイもこの時期に中国への進出を果たした（図表3-5を参照）。

2-5　競争時期（2007～現在）

　2007年12月に、「外資投資産業指導目録」が改定され、小売業を「奨励類」

第3章　中国市場における行政介入の変遷　61

図表3-5　拡張時期における外資系小売企業の中国進出リスト

	企業名	本社所在地	進出年度		企業名	本社所在地	進出年度
1	インタイム	アメリカ	2005	4	ベストバイ	アメリカ	2006
2	ザ・ホーム・デポ	アメリカ	2006	5	新光天地	台湾	2006
3	Jordon	オーストラリア	2006	6	楽賓百貨	インドネシア	2007

出所：李（2009）前掲書、『中国チェーンストア経営協会年鑑』2005年～2007年、『中国統計年鑑』2005年～2007年、及び各社ホームページより作成

から「許可類」に変更した。沿岸都市部においては、外資系小売企業に対する税制、立地、管理などの優遇政策を無くし、外資を積極的に誘致する政策から内外小売企業を平等に競争させる政策に転換した。

　経済の急成長を背景に、消費者のニーズがファッション系のみならず高級ブランド品、贅沢品の需要へと高度化し、小売業界に新しい発展のチャンスをもたらしてきた。そして、外資系小売企業は、独資投資の制限緩和を受け、第2回目の投資ブームが訪れ、大手の著名な外資系百貨店企業が中国市場に進出することが可能になったと同時に、すでに参入を果たしていた外資系百貨店も積極的な多店舗展開を進めるようになった。例えば、2008年に上海で開業したイギリスのマークス＆スペンサーである。中国市場においては、消費需要の拡大を見越し、多数の外資系小売企業と国内小売企業が参入し、熾烈な競争が引き起こされるようになった。この時期においては、百貨店とSCの店舗が増え、2、3級都市では総合スーパーの成長が著しく、家電量販店の進出と撤退が目立つ。日本から2社が進出したが、すでに世界最大の家電量販店であるベストバイは2011年2月に中国市場から撤退した[20]（図表3-6を参照）。

　2007年12月に沿岸都市部は、外資系小売企業に対する優遇政策を撤廃するようになったが、内陸部においては、外資系小売企業の投資を誘致するため、免税、立地などの優遇政策は継続してきた。

　WTO加盟以降、中国中央政府の行政介入はしだいに減少する傾向になり（図表3-7を参照）、市場経済が形成するようになってきた。しかし、主要都市において、地方政府は小売企業の出店に関して厳しくなり、様々な出店規制を行っ

図表 3-6　拡張時期における外資系小売企業の中国進出リスト

	企業名	本社所在地	進出年度		企業名	本社所在地	進出年度
1	ロッテマート	韓国	2008	3	ヤマダ電機	日本	2008
2	マークス＆スペンサー	イギリス	2008	4	ラオックス	日本	2010

出所：李（2009）前掲書、『中国チェーンストア経営協会年鑑』2008年～2011年、『中国統計年鑑』2005年～2011年、及び各社ホームページより作成

図表 3-7　外資系小売企業に対する行政介入の動き

時期	年代	行政介入の動き
テスト時期	1992～1995	1992年社会主義市場経済体制の形成が開始。主要都市において中外合併・合作による小売企業の単独店出店を実験的に認可
適応・調整時期	1995～2001	・1995年中外合弁によるチェーン店企業2社の設立（外資の出資率50％以下）を実験的に認可 ・1999年合弁小売企業の経営範囲を拡大し、参入地域を、主要都市・4直轄市に拡大
発展時期	2001～2004	2001年WTO加盟、外資に対する規制を3年以内に撤廃することを約束
拡張時期	2005～2007	2004年12月WTO加盟3年経過、外資に対する規制（進出先、出資率など）を全面的に撤廃
競争時期	2007～現在	2007年12月沿岸都市部は、外資系小売企業に対する優遇政策を撤廃

出所：楊陽（2012）「中国政府の行政介入による小売業態の多様化」『企業経営研究』日本企業経営学会　第15号　P. 86。

ている（巻末付録1を参照）。行政介入のレベルは中央政府から地方政府に権限を移譲している。

　各開放時期における業態の選択は異なる特徴を持っている。テスト時期において、進出企業の業態は主に百貨店であった。適応・調整時期に入り、百貨店、総合スーパー、スーパーマーケット、コンビニエンスストア、ウェアハウスクラブなどの業態が発展するようになり、小型スーパーマーケット、コンビニエ

ンスストア、ホームセンターなどは発展時期の主流業態であった。拡張時期においては、ホームセンター業態が発展し、競争時期に入り、専門店と百貨店が再び注目を浴びるようになった。

3．まとめ

　この章では、上述したように、中国政府による小売業への対外開放の歴史的なプロセスと外資系小売企業の有する新しい小売業態の導入が地方政府を中心とした行政介入によって引き起こされていたことを明らかにしてきた。こうした国や地方政府の行政介入が、市場経済への開放的な流通政策として機能する一方で、大衆消費社会の到来を見通し、大衆消費者ニーズを満たす総合スーパーとスーパーマーケット業態を持つ企業を優先的に中国市場に進出する許可を与え、小売市場の発展を促進する狙いで、他の業態より先に市場に導入させてきた動向を検討してきた。

　その結果、国内小売企業への小売の新業態や経営技術の移転を刺激することにもなり、流通の近代化が促進されたこと、さらに中国の伝統的な小売業態である国有百貨店、食品店および自由市場の存在に対して、新しい小売業態が出現し、競合関係が生み出されたことである。さらに外資系小売企業の参入後の行動として、政府のチェーン規制緩和を背景に、消費需要の増大やニーズの多様化傾向に合わせて、複数の小売業態を多店舗で展開する動向も活発化してきた事実関係も解明した。

　この章のまとめとして言えることは、日欧米市場においては、小売業態の生成・発展・衰退のプロセスは主に市場需要と競争のメカニズムによって登場・変遷してきたが、中国市場における小売業態の変遷は、すでに小売業態の発展プロセスの考察においても指摘してきたように、主に政府による行政介入によって導入されたことが明らかである。すなわち、WTO加盟以前、新業態が短期間で政府の主導により導入され、中国市場には、一気に多様な小売業態が現れるようになった。また、WTO加盟以後、市場経済が発展しているなかで、すでに進出していた業態が継続的に発展しつつも、消費者ニーズの多様化と高度化に適応するため、新業態を有する新規企業が参入しつつある。競争激化に

より、企業レベルで業態の多様化が進んでいる。

1）楊陽（2011）「グローバルリテーラーの海外進出戦略に関する研究―カルフールとイオンの中国進出戦略の事例分析を中心として―」『専修社会科学論集』専修大学　PP. 87-96。
2）『中華人民共和国経済档案資料選編（1949-1952）・工商体制巻』（1993）中国社会科学出版社　P. 976。
3）「アジアの扉　サーチナ」http://searchina.ne.jp/2010/10/20。
4）鍾淑玲（2009）「中国流通の近代化プロセス」矢作敏行、関根孝、鍾淑玲、畢滔滔『発展する中国の流通』白桃書房　P. 17。
5）中国においては、三資企業は中外合弁企業、中外共同経営企業及び外資企業の3種類である。
6）黄淑慎（2006/8）「中国におけるカルフールとウォルマートの戦略比較――マーケティングミックス戦略を中心に」『エコノミスト・ナガサキ』PP. 533-574。
7）黄淑慎（2006/8）前掲論文　P. 535。
8）柯麗華（2007）『現代中国の小売業』創成社　P. 40。
9）扇常夫（2005/7/19）「中国小売業・卸売業の開放の現状と今後の見通し」中日投資促進機構　http://www.jcipo.org/shiryou/kouri1.html。
10）寺嶋正尚、後藤亜希子、川上幸代、洪緑萍（2003）『最新よくわかる中国流通業界』日本実業出版社　P. 31。
11）計画単列市は中国行政区の一種類である。中国における省都ではない都市に、省都レベルの経済管理権限を持たせるのは計画単列市の特徴である。例えば、深圳、大連、青島など。
12）この時点までの交渉において、中国政府は2万平米以上の百貨店、30店舗以上のチェーンストアについて、外資独資の進出は不可としていた。
13）黄淑慎（2006/8）前掲論文　PP. 538-539。
14）楊陽（2012）「中国政府の行政介入による小売業態の多様化」『企業経営研究』日本企業経営学会　第15号　PP. 79-85。
15）楊陽（2013）「中国市場における小売業態の多様化の発展プロセス―外資系小売企業の進出を中心として―」『専修マネジメントジャーナル』専修大学経営研究所　PP. 57-68。
16）中国における直轄市は北京、上海、天津と重慶を指す。
17）建材専門店とは、中国市場において、住宅用と商業用の建材を専門に扱う店を指す。ホームセンターのように生活用品などを取り扱っていないが、中国の業態分類としては、建材専門店はホームセンターの一種である。

18) ここでは、大型業態が十分にカバーできない消費者ニーズに応じる小型業態を補充業態という。
19) 経営形式としては、外資企業100％の出資である。自主的に出資し、自主的に経営することを指す。
20) 激しい価格競争によって利益率の低下が繰り広げられている中国家電市場において、ベストバイは2008年までに7店舗に拡大したが、規模の経済性が発揮できず、小規模で低価格を実現することには無理があった。中国の家電量販店では家電メーカーから販売員が派遣されてくるのは商習慣であるが、ベストバイは販売員の受け入れを拒否し、店舗従業員は全て自社で雇用し、オペレーションコストが高くなっていた。また、家電大手競合他社（蘇寧、国美など）が急速に中国全土でチェーン店舗展開するにつれ、競争がいっそう厳しくなったことなど、ベストバイが中国市場から撤退する主な原因として挙げられる。

第4章　中国市場における消費需要の変化

1．行政介入と消費社会の変化

　中国は以前から「社会主義計画経済」を実施し、経済改革・開放政策が始まる前から、強制的に計画配給制を行っていた。国民の消費は主に自給型、配給型および福祉型であった。中国の経済体制は生産が主導し、流通は生産に従属し、消費も生産によって決められていた。

　1990年代、経済改革・開放政策がいっそう推進され、市場経済への移行が実施された。この20数年の間に、中国小売業を取り巻く環境は大きく変わってきた。生産が急速に発展し、次第に消費が生産を牽引するようになり、供給が需要を上回ってきた。消費拡大を促進するようになり、中国は「消費大国」になりつつある。

1-1　経済改革・開放政策実施以前の消費社会

　中国は建国以来、経済改革・開放政策を実施するまで、政治環境が不安定で、消費需要は最低限のレベルで維持されてきた。

　計画経済の下で、商品化された食料や生活日用品などは政府の管理で配分され、切符制を行い、また、国民は都市間、あるいは都市と農村間の社会的移動

を厳しく制限され、都市での雇用吸収力も限られていた。都市人口は低賃金、低物価、低消費という「三低政策」の状況におかれていた。この政策の実施によって、低賃金と低物価の影響を受け、消費は根本的に抑制されていた。

このような状況におかれている消費者は、「同質」、「同一レベル」、「仲間意識」の消費生活意識を持ち、食品、服装、住宅などがすべて「節約」、「質素」を「暮らしの理論」として提唱され、「消費」を煽るような物質志向の行動や言論は批判される対象となった[1]。

人口の多い農村においては、人民公社が設立され、生産管理をする一方、基本的な生活用品の配給をコントロールし、流通の一環としての役割を果たした。また、農村における自由市場は未発達で主に、農民の物々交換を中心に行い、他の食品などはほとんど農民の自給自足であった。都市部の流通機能を果たすのは、伝統的な国有百貨店・食品店・食料品市場が主役であった。

集団所有制の形態の下で、この時期は生活必需品の需要でさえも低い水準でしかなかった時代であった[2]。

1-2 経済改革・開放政策実施による消費社会の変化

1978年に中国は社会主義計画経済に市場経済を導入し始め、「国民生活の改善・向上」を目標に、経済改革・開放政策が提唱された。

1992年まで、全国の小売物価、賃金、消費水準は以前と比べ急速に上昇し、農村経済が自由化され始めた。また、1984年に農村から小都市への戸籍移動が強化されるようになり、1992年に「国務院の戸籍制度改革」が公布された。農村人口の小都市への移動が盛んとなり、これまで厳しく制限された人口移動の問題は緩和され、農村人口の離農化が始まり、都市に出稼ぎすることにより、都市化が進み、消費需要が変化するようになった。しかも、人口の都市への移動は故郷を離れた出稼ぎ労働者（農民工）という形で、北京、上海、広州などの大都市へ戸籍をもたない常住人口が急増してきた。経済改革・開放政策の実施後の特徴の一つは、人口の流動化と都市人口の急速な増加であった。このことが沿岸部の都市を中心に中国に、おける大衆消費社会を徐々に形成し始めることになった。

経済改革・開放政策を実施することにより、各業界においては、外資企業が

中国に進出するようになり、雇用チャンスが一気に増え、国民所得が増加し、消費生活の向上を実現するようになった。

市場経済の発展に伴い、社会主義の「三低政策（低賃金、低物価、低消費）」が見直され、「三中」、また「三高」へと移行し、「節約」から「消費」へ、「非物質志向」から「物質志向」へと変化するようになってきた。

2．消費構造の変化

国民の所得水準の増加は消費内容や消費量の変化をもたらしてきた。中国人の生活スタイルは大きく変わり、衣、食、住、行[3]からその変化を考察してみる[4]。

2-1 「衣」の変化

「衣」の面から見ると、消費者の衣類の機能要求は「質素、実用性」から「ファッション」が中心となり、「暖かさ」から「美しさ」へと変化した。

1980年代、消費者が衣服を購入する際に、最も重視するのは「汎用性」と「耐久性」であり、無論、これは当時の中国の生産水準と所得水準によって決められた。

一方、衣類への支出も限られており、選択できる衣類のデザインや素材も限界があった。中国経済の発展や所得水準の上昇に伴い、消費者の衣類への支出が増えており、衣類への機能要求も多様化している。1990年と比べ、2011年の衣類への支出は約10倍も増加しており（図表4-1を参照）、消費者は衣類の「汎用性」と「耐久性」への選択から、「素材」、「スタイル・デザイン」、「ファッション性」などを追求するようになっている。「美しさ」への追求により、衣類はもともとの必需品から選択品と贅沢品に変化し、「衣料品」関係の専門店の発展に大きな影響を与えている。

2-2 「食」の変化

「食」の面では、消費者は食品への要求が「満腹を求める」から「美食を食べる」へ、食品を獲得する方式が「安さを求める」から「美味しさや品質や便

図表 4-1　都市部消費者一人当たりの消費支出構成の変化（1990〜2011年）

消費支出項目（元）	1990	1995	2000	2010	2011
総消費支出額	1,413	4,102	6,147	18,258	20,365
現金消費支出額	1,278	3,537	4,998	13,471	15,160
食品	693	1,771	1,971	4,804	5,506
衣類	170	479	500	1,444	1,674
住居	60	283	565	1,332	1,405
家具・家庭用品	108	263	374	908	1,023
交通・通信	40	183	426	1,983	2,149
教育・レジャー	112	331	669	1,627	1,851
医療保険	25	110	318	871	968
サービス・その他	66	114	171	499	581
現金消費支出の構成(%)	1990	1995	2000	2010	2011
食品	54.25	50.09	39.44	35.67	36.32
衣類	13.36	13.55	10.01	10.72	11.05
住居	6.98	8.02	11.31	9.89	9.27
家具・家庭用品	10.14	7.44	7.49	6.74	6.75
交通・通信	1.20	5.18	8.54	14.73	14.18
教育・レジャー	11.12	9.36	13.40	12.08	12.21
医療保険	2.01	3.11	6.36	6.47	6.39
サービス・その他	0.94	3.25	3.44	3.71	3.83

出所：中国国家統計局『中国統計年鑑2012』より作成

利性などを求める」へと変化した。

　以前、消費者は「食」に関してはいかに支出を減らし、長期間にわたって家計を維持することができるかを生活の焦点に当てており、食品の品質や種類などへの要望は低かった。今日では、消費者は食品の品質や種類の要求が一変し、「好み」、「美味しさ」、「健康」などを要望し、食品の鮮度、加工製品の安全性、

図表4-2　都市部消費者一人当たりの食品購買の構成（1990～2011年・単位：キロ）

	1990	1995	2000	2005	2010	2011
米・雑穀類	130.72	97.00	82.31	76.98	81.53	80.71
野菜	138.70	116.47	114.74	118.58	116.11	114.56
サラダ油	6.40	7.11	8.16	9.25	8.84	9.26
豚肉	18.46	17.24	16.73	20.15	20.73	20.63
牛・羊肉	3.28	2.44	3.33	3.71	3.78	3.95
鶏肉	3.42	3.97	5.44	8.97	10.21	10.59
卵	7.25	9.74	11.21	10.40	10.00	10.12
水産品	7.69	9.20	11.74	12.55	15.21	14.62
牛乳	4.63	4.62	9.94	17.92	13.98	13.70
果物	41.11	44.96	57.48	56.69	54.23	52.02
酒	9.25	9.93	10.01	8.85	7.02	6.76

出所：中国国家統計局『中国統計年鑑2012』より作成

食品の栄養成分などに関心をもつようになった。生活レベルの改善の影響を受け、消費者は食品などで買物の利便性・迅速性や調整加工の簡便性などをますます追求するようになり、セルフサービスベースの新しい小売業態としてハイパーマーケット、ショッピングセンター、コンビニエンスストアの成長に貢献している。

2-3　「住」の変化

「住」の面からみると、中国都市住民は住宅に関する意識が以前の「建物」から「家」へ、「住宅の面積」から「住み心地」へと関心を向けるように変化している。

1980年代初期、中国の住宅の多くは内装をせず、たとえしたとしても簡単な内装にとどまっており、生活用の備品（家具、家電など）は生活を維持する最低のものであった。対外開放政策が始まり、経済の急成長を背景に中国の不動産価格の急上昇によって、都市部の消費者は1990年から2011年までの21年間に、

一人当たりの住居への支出が約23倍も増加し、家具・家庭用品などの支出も10倍近く増えてきたことがわかる（図表4－1を参照）。現在の住宅はほぼ内装工事を行い、建材、装飾材料、家具、家電を中心に販売するホームセンター、家電量販店のような業態が急速に発展している。

2－4 「行」の変化

「行（交通・移動）」の面において、最も著しい変化は交通の利便性である。都市においては、公衆バス、タクシーの数と種類および利用頻度が大幅に拡大し、また家庭用自動車も急速に増えている。

中国自動車工業協会の2013年1月11日発表によると、自動車の生産・販売台数は2011年に1841万8900台、1850万5100台、また2012年1927万1800台、1930万6400台に達した。伸び率について、生産台数は前年比4.6％増、販売台数は4.3％増となり、前年比それぞれ3.8ポイント、1.9ポイント上昇した（図表4－3を参照）。

2012年末まで、国内販売台数は1995年と比べ13倍以上に増加し（図表4－4を参照）、そのなかでは乗用車[5]（特に家庭用）の販売台数の伸びが著しい。このような自動車の増加は消費者の生活に大きな影響を与えている。まず、自動車での買い物の普及は、自動車を持つ消費者がそれだけ遠距離の移動を行い、またまとめ買いや購買金額の上昇を生み出す効果を伴っており、小売企業の商圏が変化し拡大している。次に、小売企業の駐車施設に関する要求は厳しくなっている。今後、商業施設が集中する地域で大型駐車施設の確保は小売企業を悩ませる大きな問題になる。

上述したように（図表4－1を参照）、中国都市部世帯においては、消費支出構造が大きく変化している。90年代前半の「食料」および「衣料」の主要消費支出から、2000年代以降は「食料」「衣料」に限らず、「交通・通信」「教育・娯楽」「住居」などの消費支出の増加が目立つようになっている。このような変化に伴い、各種の専門店やホームセンターなどの業態が着実に成長してきている。

また、消費構造が変化するとともに、都市で生活する消費者の生活リズムも変化している。所得増加、仕事量の増加、勤務形態の柔軟な採用などにより、

第4章 中国市場における消費需要の変化 73

図表4-3 中国自動車生産・販売台数の推移（2001～2012年）

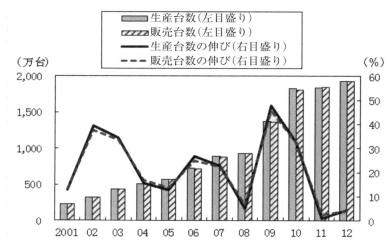

出所：中国自動車工業協会の公布データ、「2012年世界主要国の自動車生産・販売動向」日本貿易振興機構 2013年4月 P.12より作成

図表4-4 中国自動車販売台数推移グラフ（1995～2012年）

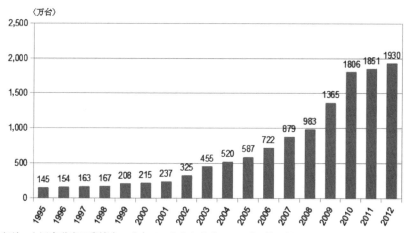

出所：中国自動車工業協会の公布データより作成 2013年3月12日

図表 4-5　都市部（平均）における耐久消費財の所有状況

(100世帯あたりの保有台数)

	1990	1995	2000	2005	2010	2011
バイク（台）	1.94	6.29	18.80	25.00	22.51	20.13
洗濯機（台）	78.41	88.97	90.50	95.51	96.92	97.05
冷蔵庫（台）	42.33	66.22	80.10	90.72	96.61	97.23
カラーテレビ（台）	59.04	89.79	116.60	134.80	137.43	135.15
コンポーネントステレオ（セット）		10.52	22.20	28.79	28.08	23.97
カメラ（台）	19.22	30.56	38.40	46.94	43.70	44.48
エアコン（台）	0.34	8.09	30.80	80.67	112.07	122
シャワー（台）		30.05	49.10	72.65	84.82	89.14
コンピュータ（台）			9.70	41.52	71.16	81.88
ビデオカメラ（台）			1.30	4.32	8.20	9.42
電子レンジ（台）			17.60	47.61	59	60.65
運動器具（セット）			3.50	4.68	4.24	4.09
携帯電話（台）			19.50	137.00	188.86	205.25
固定電話（台）				94.40	80.94	69.58
乗用車（台）			0.50	3.37	13.07	18.58

出所：中国国家統計局『中国統計年鑑2012』より作成

都市住民の夜間での消費を刺激している。近年、北京、上海などの都市においては、「パブ族」、「夜間サッカー・バスケットボールファン族」が出現し、夜間消費の最も典型的な消費者群になっている。夜間消費者群は購買環境を重視し、購買商品が主に便利性を提供する食品、飲料、サプリメント、雑貨などへの関心を高めつつある。夜間消費者群が徐々に拡大し、市場規模は昼間の消費と比べまだ少ないが、コンビニエンスストア以外、総合スーパー、ショッピングセンター、百貨店などの小売企業が営業時間を延長し、消費者を獲得している。現在は大都市に限らず、二級・三級都市においても、この現象が拡大して

いる。

消費全体においては、都市部の消費財小売総額の上昇率が最も高い。また、図表4-5に示したように、都市部の耐久消費財の購買率と普及率が上昇傾向にある。

3．人口移動・変動による消費の変化

図表4-6に示したように、中国は建国以来、人口が急速に増加しており、1949年と比べ、約2.5倍近くになった。1970年代末に人口過剰の問題が経済発展の制約要因と認識され、1979年に中国政府は強制的に生育抑制政策（計画生育・一人っ子政策[6]）を導入した[7]。また、すでに述べたように、中国各地域においては格差が生じており、地域間における人口の移動が激しくなっている。経済改革・開放政策を実施して以来、中国の人口構造が大きく変化し、総労働人口だけでなく、農村における労働人口も減少し、一人っ子政策によって少子

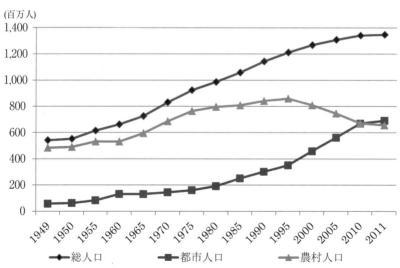

図表4-6　中国人口の増加（1949～2011年）

出所：中国国家統計局『中国統計年鑑2012』より作成

化や高齢化が進行してきた。本節では、このような人口移動・変動することにより、消費がいかに変化しているかについて考察する。

3-1 格差問題

　速いペースで経済が成長してきた中国であるが、経済成長モデルの転換や環境問題、社会問題などは今後中国の成長を制約しかねない構造的な問題となっている。こうした諸問題の中で代表的な問題は所得格差である[8]。その中で、地域間、都市・農村間、都市内部における格差の問題がますます顕在化するようになってきた。このような格差が生じたのは鄧小平氏が提唱した「先富論[9]」から始まった。

　まず考えられるのは地域間の格差である。経済改革・開放政策を実施する際に、最初に沿岸部を中心に開放され、上海をはじめ東沿岸部は優先的に外資企業が導入され、経済が急成長してきた。それと対照的に内陸部の成長が比較的遅れており、物流などのインフラ整備や小売環境の発展が大きな課題となっている。各省の一人当たりGDPの推移を見てみると、上海、北京を中心に、発展している沿岸部都市は内陸部雲南省や貴州省などの都市と比べ、WTO加盟する2001年において、格差が11倍近くまで拡大しており、近年縮小傾向にあるが、2010年の時点で依然として6倍近くの格差が存在している（図表4-7を参照）。経済成長の著しい地域、特に沿岸部にある都市においては、開放政策の恩恵を受け、ほとんどの小売業態が発展し繁栄している。一方、内陸の主要都市においては業態の多様化が推進しているが、地方都市は地域によっては、これから新たな業態を導入する動きが見られるようになってきた。

　また都市・農村間の格差が最近よく議論されている。中国は以前から農業大国と呼ばれており、1970年代には農村人口が都市人口の約5倍多く存在していた。厳しい戸籍の制限を受け、農村から都市への人口移動は難しかったが、近年、戸籍制限がしだいに緩和され、また都市圏の拡大につれ、衛星都市が増え、都市人口が急速に増えてきた。図表4-6のように、2011年の時点で都市人口が農村人口を上回るようになってきた。

　このような人口移動の影響を受け、都市部と農村部の所得格差がますます拡大するようになってきた。経済改革・開放政策を本格的に実施する以前は、都

図表 4-7　中国の省市別の一人当たり GDP の推移（1990〜2010年）

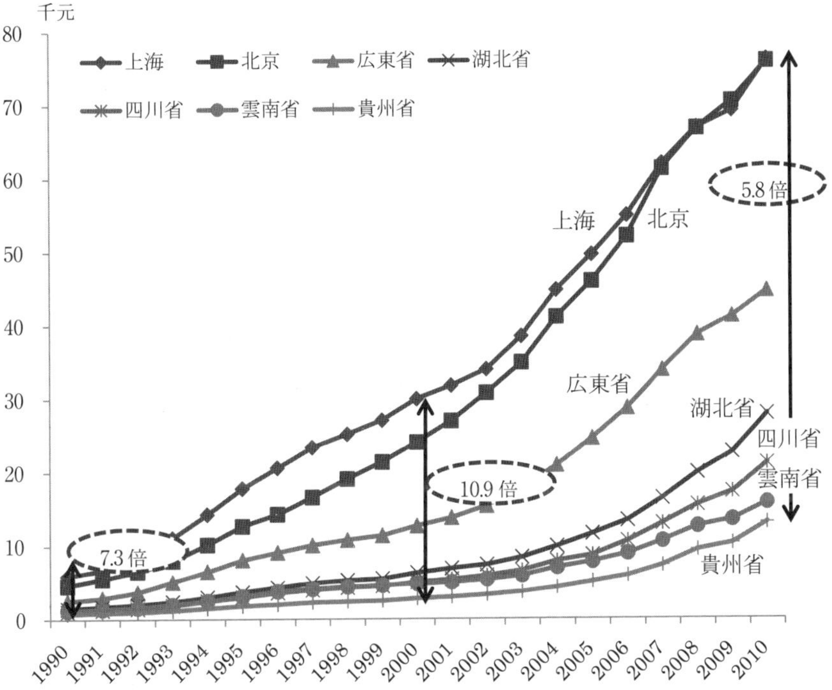

出所：中国国家統計局、CEIC Database、経済産業省『通商白書2012』P. 115より作成。

市部と農村部の所得格差が 2 倍近かったが、WTO 加盟などの影響を受け、都市部と農村部の所得が急速に伸びており、近年、所得格差がさらに拡大するようになってきた（図表 4-8 を参照）。格差を縮小させるため、政府は様々な政策を出しており、農村所得の上昇に努めている。このような格差の影響で、小売業態の発展も地域間でアンバランスな状態に置かれている。都市部は言うまでもなく、農村部においては、未だに伝統的な食品市場や「夫婦店」が多数存在しており、スーパーマーケットが近年導入されるようになってきたが、家電量販店やショッピングセンターなどの近代的な小売業態は未発達の状態にある。

　中国の都市を分類してみると、国家統計局などの基準によって、408都市を沿岸大都市、沿岸一般都市、地方省都級、地方中心都市、地方小都市という 5

図表4-8　都市部と農村部の一人当たり所得の推移（1990～2011年）

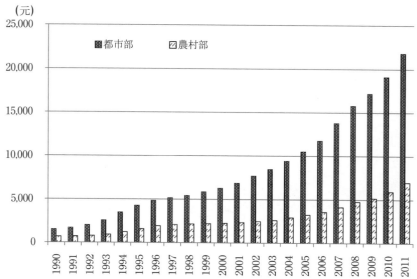

注：都市部では一人当たり可処分所得、農村部では一人当たり純収入を表示。
出所：中国国家統計局、CEIC Database、経済産業省『通商白書2012』P. 115より作成。

つのセグメントに区分することができる（図表4-9を参照）。

　また、このような都市における所得を見てみると、所得階層ごとの家計数の分布によって、全体的な所得水準は上昇し、年々上位階層に向かってシフトしている。このデータから見ると、都市の家計消費支出は近年増えており、家計の状況がしだいに改善していることがわかる[10]（図表4-10を参照）。

　都市内にさまざまな格差が存在することにより、一つの都市に、異なる顧客層をターゲットとする小売業態が発展する余地が生まれ、小売業態の多様化を推進している。

　このような所得格差の存在とともに、消費者ニーズの多様化や個性化が一層顕著になり、小売業態の発展を推進する主要な要因となっている。都市部においては近代的な小売業態が多く乱立状態にあり、消費者のニーズに適応するため、業態の多様化が更に進んでいる。一方、内陸部、特に農村部の所得格差や人口減少問題への改善推進を背景に、小売業の未発達地域を目指して、外資系

図表4-9　中国の都市分類

	沿岸 大都市	沿岸 一般都市	地方 省都級	地方 中心都市	地方 小都市
代表都市	北京、上海、広州、深圳、天津	成都、大連、南京、西安、アモイなど	昆明、蘇州、ハルビン、太原など	ウルムキ、蘭州、チチハルなど	張家口、棗荘、牡丹江など
都市数	5都市	15都市	36都市	76都市	276都市
地理分布	北京、上海、広州、深圳、天津	成都、大連、南京、西安、アモイなど	昆明、蘇州、ハルビン、太原など	ウルムキ、蘭州、チチハルなど	張家口、棗荘、牡丹江など

注：中国の408都市（県以下を除く）を5つのセグメントに分類する。
出所：中国統計年鑑、中国城市年鑑、各省の統計年鑑より、野村総合研究所2007年の基準にて作成。

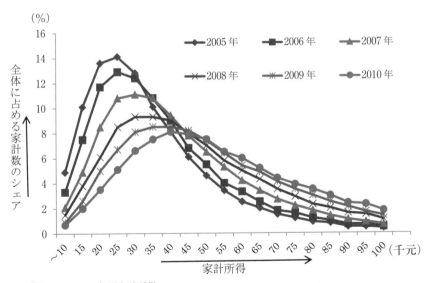

図表4-10　中国の都市部の所得階層別の家計分布

注：①名目ベースの年間家計所得。
　　②100千元以上は、一括りにまとめられているため、線で結んでいない。
出所：中国国家統計局、CEIC Database、経済産業省『通商白書2012』P.116より作成。

小売企業や国内小売企業の2級都市や3級都市への出店戦略が進められるようになって、様々な小売業態導入への機運が高まっている。

3-2　家族構成の変化

　前述のように、中国政府は1979年から人口増加を制限するために「一人っ子政策」を進めてきた。1970年代、80年代、90年代に生まれた世代はそれぞれ「70后[11]」、「80后」、「90后」と呼ばれている。今日になって、これらは20代から40代までの世代となっており、中国消費社会においては、主要な消費群になっている。

　「80后」が生まれた80年代は、中国では当時の最高実力者、鄧小平が経済改革・開放政策（1978年）にかじを切り替えた直後のことである。市場経済の中で中国はひたすら成長してきた。両親の世代を苦しめた文化大革命を知らず、天安門事件の記憶もほとんどない。「80后」は、計画経済時代の名残から節約を大事にする70年代以前の世代に比べると、特に都市部で消費意欲が旺盛である。インターネットや携帯電話によって情報に囲まれ、新しいモノ好きで、海外の文化や情報も抵抗なく吸収し、個性を大事にするというのも「80后」の特徴である。

　また近年、「90后」の消費行動に注目が集まっている。中国のある調査機関の調査によると、「90后」はインターネットの使用については非常に頻繁に行う面が「80后」と類似している。何か新しいモノを創造する意欲がある半面、10代後半と20代前半の年齢で、行動力はあるが、物事を処理する際にその未熟性を見せており、また多様な要求で安定性が欠けていると評価されている。このような「90后」は以前の世代と異なり、「①社会のルールと自身の利益を重ね合わせてチャンスを狙っている。②「70后」の集団意識や「80后」の唯我独尊とは異なり、グループの中で仲間がいるという帰属感、緩やかなグループ主義を重視するとともに、そのグループ内で発言権を握りたがる。③バンジージャンプのように飛び込んで自分を探す傾向があり、きわめて新しく奇抜な体験の中で、自身で価値判断を行いたがる」[12]という3つの傾向があるという指摘もある。

　中国のインターネットショッピングは近年急速な勢いで成長を続けているが、

「80后」と「90后」は頻繁にインターネットを利用する傾向にある。そこでこのような消費者ニーズをターゲットに、中国の「淘宝(タオバオ)」というショッピング Web サイトが2003年5月10日に設立された。2011年1月末には登録ユーザー数が3.7億人を超え、中国のオンラインショッピング市場シェアの約80％、中国市場のショッピングサイトでは独占している。「淘宝」の主要な消費軍は「70后」、「80后」、「90后」である。特に「80后」、「90后」は常にネット上の仲間と商品情報を共有し、小売企業や商品に関する口コミを確認したうえで購買行動に移るという特徴もある。

　教育レベルの追求や一人っ子などの要因で、「80后」、「90后」世帯の多くは大学を出ており、高学歴社会が形成されつつあるが、リーマンショック以降、中国社会においては就職難が起きている。高学歴のワーキングプアの一群は地方より、大都市で就職のチャンスを探し、良い給料の職に就けなくても大都市に滞在する現象が発生している。大都市の生活コストが高く、賃金が低いなどの制約を受け、この一群は都市の郊外で暮しており、シェアハウスを行っている。このような若者層は「蟻族」と呼ばれている。

　「蟻族」の若者たちは給料の良い職に就くことが出来ず、地方からの出稼ぎ労働者である農民工の人間たちと職を奪い合っている。月収は日本円にして13,000円から26,000円程度である。この状況の中で、「蟻族」の低所得、また共同生活という消費者ニーズに対応するため、都市郊外においては、近年ディスカウント業態や24時間を経営するコンビニエンスストア、また惣菜やお弁当を提供するスーパーマーケット業態が急速に伸びている。

　「80后」と「90后」の親世帯は大体、兄弟姉妹がおり、大家族の構成が多いのに対し、「80后」と「90后」は原則的に一人っ子である。中国の家計における構造変化は拡大された家庭から核家族へと変化している。このような変化により、一人っ子世帯、つまり「80后」と「90后」は消費の中心になっている。また現在、「80后」と「90后」は結婚適齢期にあり、1人か2人[13]の子供を生み、7，8人の核家族が出来上がる。つまり、祖父母世代4人、親世帯2人、子供1人か2人の家族構成になる（図表4-11を参照）。

　このような逆ピラミッドの家族構成の中で、子供が一人というのは、これらの子供は小さな皇帝や女帝として扱われ、両親や祖父母は彼らを喜ばせるため

図表 4-11　中国における基本の家族構成

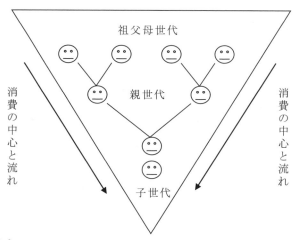

出所：筆者作成

に共通して努力を惜しまない。従って、現代の中国ではそうした1億以上の小さな皇帝や女帝の人口によって高い品質の玩具、ゲーム機それに教育補助具に対する需要がこの先当分増加し続けるであろう[14]。このような需要に応じ、中国市場においては、近年ベビー用品の専門店や玩具の量販店が急速に規模を拡大している。

　また、これらのティーンエージャーやヤングアダルトは潜在的な可能性として、中国では最も有望な消費者セグメントであると考えられる。彼らは家族の所得の支出に最も大きな影響力を持ち、同様に、彼らの消費者ニーズに相当の金額を使うようになってきた。また、溢れるほどの情報の中で育てられ、しかも西洋文化に多く触れているため、これらの消費者はすでに顕著な特色を現わしており、近い将来に中国の消費革命をリードすることも予想されている。ティーンエージャーやヤングアダルトの特色は、独立とパーソナリティ、新しいことをしようとする意欲、ブランドへのこだわり、それにもっと重要なのは若いうちに生活を楽しむ準備ができていることといわれる。換言すれば、一人っ子世帯は、購買行動や選好の点で、より実用的なマインドを持った、より保守的な、古い世代の消費者と比較して、いっそう大胆であることがわかる。このよ

うな消費者がこれからの数年で独立した消費者へと徐々に成熟するという事実を考慮すると、イノベーティブなマーケティング戦略でこの消費者をどのように開拓するかは、国内外のマーケターにとって優先事項となる[15]。

このような消費動向の変化を背景として、特に都市部においては、ファッション関係の専門店や贅沢品の専門店や家電メーカーの専門店が雨後の筍のように急速に展開してきている。また中国の習慣として、祝日、結婚、引越し、入学などの際に、ギフトギビング（贈答）を利用するのが一般的である。贈答は家族・親戚、友人・上司との良好な人間関係を構築するための方法の一つである。親戚の結婚、また引越しに際して、ご祝儀以外に家電製品や家庭用品を贈る習慣があり、家電量販店やホームセンターが良く利用される。所得や生活水準の向上とともに、こうした伝統的な贈答文化の習慣は、中国社会の中でより高級な品物や、より安全で希少性のある外国製品への嗜好を強め、百貨店の高級化はもとより、高級ブランド品やファッション性を訴求する専門店など新しい売り方を提案する多様な小売業態の発展を推進する要因ともなっている[16]。

4．中間消費層の形成

急速に変化し、多様化している中国市場においては、中国の消費者ニーズと購買行動も変化している。国内で消費生活水準が最も高いのは東部、沿岸部都市である。都市部では中間所得階層が最も多く成長している。WTO加盟以降、消費変化が更に激しくなっている。都市部での所得増加に伴い、雇用機会を求め、都市部への人口移動が拡大傾向にある。また、2010年の上位中間層と下位中間層が2006年よりそれぞれ6.2％、20％を増加し（図表4-12を参照）、中間所得層が形成されている。国内で消費生活水準が最も高いのは東部、沿岸部都市である。都市部では中間所得階層が最も大きく増加している。

改革・開放以来、沿岸部都市の経済は著しく発展し、それに伴い、小売業態や消費者ニーズなどが急速に変化してきた。沿岸部の主要都市ではほとんどの小売業態が存在するようになった。また、消費者の消費スタイルが次第に変化し、消費が小売業態を牽引するようになってきた。

中国は全体的に経済が成長しているが、この中で、発展が遅れていた内陸部

図表 4 -12　中国の所得階層の推移・予測（2006～2020年）

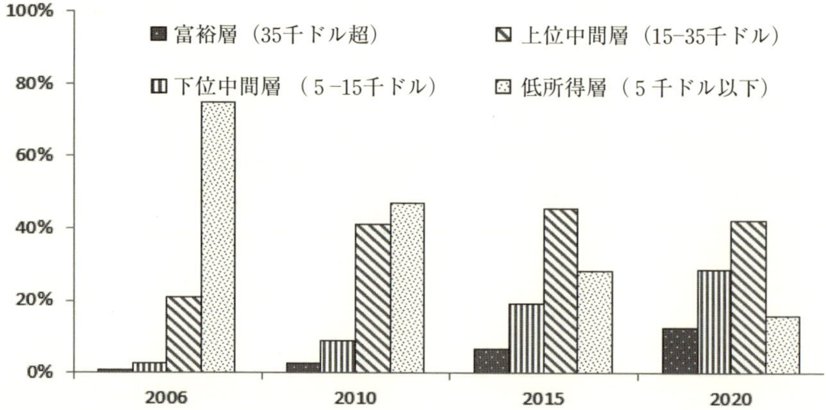
100%
80%
60%
40%
20%
0%
富裕層（35千ドル超）
上位中間層（15-35千ドル）
下位中間層 （5 -15千ドル）
低所得層（5千ドル以下）
2006
2010
2015
2020

出所：経済産業省『通商白書2012』P. 126

への開発に政府や民間企業の関心が集中するようになってきた。中央政府は内陸部、特に西部地域の経済を成長させるために、政策の支援やインフラ整備のための投資などにより、景気刺激を推進し、それによって経済が活発に成長し、個人消費も力強くなっている。特に内陸部の各都市の成長が拡大し、武漢、成都で消費力が急速に成長するようになった。それとは対照的に経済を牽引してきた沿岸部は内陸部と比べ、成長が鈍化することが明らかになっている。

90年代において、富裕層が出現し、90年代末から中間所得層が急速に増大し、消費者のライフスタイルが変わり、次第にブランド品や利便性を重視するようになり、より質の良いものへの関心を高めるなど消費の高度化と多様化が進行してきている（図表 4 -13を参照）。

現在、中国政府が様々な景気刺激策を行い、それにより経済が発展し、沿岸部だけでなく内陸部でも国民の収入が増え、中間所得層の拡大が確実に進んでいる。その結果として、消費者の可処分所得が伸び、「高級志向」や「ブランド志向」という消費傾向が出現しつつあり、総合スーパー、スーパーマーケット業態がより多様で高度化した消費者ニーズに対応しきれないため、高級百貨店や専門店などの業態が成長している。特に専門店は2003年から2010年末まで、店舗数が年平均2.5倍に増加し、売上高の年平均成長率が70%という著しい成

図表4-13　中国市場における消費者の所得段階とライフスタイル

階層	代表消費者	ライフスタイル
富裕層	国家幹部 企業経営者	贅沢品 高級志向
拡大する中間所得層 （ビッグ・ミドル）【急増】	個人事業者 ホワイトカラー 公務員	ブランド品 嗜好品・流行 利便性消費
大衆層・低所得層	サービス業就労者・農業就労者	低価格志向

出所：中国国家統計局『中国統計年鑑2010』、三菱UFJリサーチ＆コンサルティングの資料、キャストコンサルティング株式会社の資料を基に筆者作成

長であった。

　また、勤務形態などの多様化で時間を重視したライフスタイルが増加し、「利便性消費」を中心に展開する業態が増加しつつある。沿岸部都市でのコミュニティ小型スーパー、沿岸部に限らず内陸部でも多く展開しているコンビニエンスストア、小型ハイパーマーケット、ネット通販などの業態が増加する傾向がある。消費者ニーズの多様化や個性化の出現傾向は、それだけ小売企業が更なる多様な業態展開を推進するビジネスチャンスを生み出している。

　WTO加盟以降、中国の小売市場の中で出現している小売業態の多様化の源泉は消費市場の規模の拡大であり、とりわけ中間所得層の形成と増大に基づくという点がより明確になってきた。

5．まとめ

　小売業界は、消費者の移ろいやすい趣向に直面し、常に多様な業態を求められている業界である。本章においては、主に中国の消費市場を主軸に分析を行ってきた。政府の行政介入により、消費市場全体に活気をもたらし、消費者ニーズがしだいに多様化し個性化するようになってきた。このような多様な消費者

ニーズに適応するために、さまざまな業態が中国市場に導入され発展している。

　本章では消費者を世帯収入の切り口として、低所得層、中間所得層、高所得層に分類し、とくに中間所得層の拡大に焦点を当てて分析し、年代別のライフスタイルの特徴を検討することで、中間層を中心としたセグメントが中国消費者の新しい消費スタイルを牽引していることを明らかにしてきた。

　とりわけ、中国の消費者は若年層ほど消費に対する感度が高く、先進的であるという特徴が窺える。新しさを追求し、商品の質を求める傾向にあると考えられる。「パブ族」、「80后・90后」、「蟻族」、「高品質派」、「健康志向族」などのような特徴をもつ消費群の増加によって、小売業態が多様化してきている。利便性消費、プレミアム消費、安さ納得消費などの消費価値観がしだいに形成されており、またインターネット、自動車などの普及によって、小売企業の商圏が拡大されている。今後、中国での賃金水準の上昇傾向が続くことで、一段と所得や生活水準の底上げが見込まれ、旺盛な消費意欲が継続されることで、中国における小売業の発展にとって大きなビジネスチャンスとなっている、豊かさを求める消費者の獲得をめぐって小売業態の差別化や多様化の機会も増加している。

1）浅海一男（1972）『中国の企業経営』日本生産性本部　PP. 103-121；李海峰（2004）『中国の大衆消費社会—市場経済化と消費者行動』ミネルヴァ書房　PP. 27-28。
2）李海峰（2004）前掲書　PP. 29-30。
3）ここで、「行」は交通による移動などの生活行動を示す。具体的に本章2－4で説明する。
4）李飛、王高（2006）『中国零售業発展歴程』社会科学文献出版社　PP. 14-17。
5）「乗用車」とは、狭義の定義である「基本型」（セダンなど）に加え、スポーツ用多目的車（SUV）、多目的車（MPV）、乗貨両用車（小型ワンボックス）を含めた広義の乗用車をいう。
6）「一人っ子政策」は中国で1979年に始まった人口規制政策のことを指しており、夫婦1組に対して子供を1人しか持たない政策である。正式名称は「計画生育政策」といい、出産または受胎に計画原理を導入し、幾何級数的な人口増加に法規制を加えた。例外として、双子以上の多胎児の場合、全員が戸籍を持つことが許可されている。
7）杜進（2013/4）「中国の人口変動とその経済的・社会的影響」『海外事情』拓殖大学海外事情研究所　P. 86。

8）三村祐介（2012/12/5）「中国における所得格差問題の行方」みずほ総合研究所　PP. 1 - 10。
9）先富論とは、1985年頃から鄧小平が唱えた改革開放の基本原則を示すものである。「先富論」は、「先に豊かになれるものと一部の地域が先行しよう」という改革方針を提起しただけではなく、「先に豊かになったものと地域は豊かになっていないものとそうした地域を助け、最終的に共に豊かになる」ことを目指すものである。しかし、「先富論」の後半部分で言及された「先富」から「共富」への調整がうまく行われず、効率一辺倒の改革政策が続けられてきた。それによって、経済格差の問題が表面化し、社会安定にも影響が及ぶ大きな問題となっていると指摘されている。
10）経済産業省『通商白書2012』PP. 115-116。
11）「后」は日本語で「後」の意味を指す。
12）渡辺達朗（公益財団法人、流通経済研究所）編（2013）『中国流通のダイナミズム―内需拡大期における内資系企業と外資系企業の競争』白桃書房　PP. 3 - 5 。
13）一人っ子政策の実施は確かに人口制限に一定の役割を果たしてきたが、その反面、少子化や高齢化が進み、社会問題になっている。この問題を克服するために、一人っ子政策が緩和され、一人っ子同士が結婚すれば、原則として子供が二人まで出産できると法律上許可されるようになった。
14）Guo, G., Consumer Behavior in China, Paliwoda, S. Andrews, T. and Chen, J.（ed.）Marketing Management in Asia, Routledge 2013 pp. 28-29.
15）Guo, G., ibid, pp. 28-29.
16）Guo, G., ibid, pp. 30-35.

第5章　北京市場の消費者調査
　　　　―北京市における消費者の小売業態に対する評価―

1．アンケート調査の概要

1-1　アンケートの構成

　アンケートでは、中国市場において流通を取り巻く環境が大きく変化していることを背景に、所得階層別に各小売業態の利用状況の現状を把握しようとした。消費者を低所得層、中間所得層、高所得層という三段階に分け、各消費層が「過去3ヵ月で最もよく利用する小売業態」の満足度や、またその利用する要因とは何かについて明らかにすることが狙いである。
　本アンケートは、大きく3つの部分で構成されている（巻末付録2を参照）。
（1）回答者の個人属性について：
　　　性別、年齢、家族構成、所得など。
（2）過去3ヵ月で最もよく利用した小売業態について：
　　　業態の種類、満足度、利用頻度、企業資本[1]など。
（3）（2）で選択した業態に対する小売ミックスに関わる項目の評価について：
　　　店舗、買物環境、取扱商品など。
　なお、小売ミックスに関する質問は、単一項目評価尺度として「大変悪い」

から「大変良い」の7段階のリッカート尺度を使用した。

　また、本アンケートは2012年9月1日から7日まで、北京市の3ヵ所の商業集積地においてアンケート500部を配布し、389部が回収できた。回収率が77.8%であったが、その中で、欠損値があったケースを取り除き、有効回答数294部（75.6%）が分析対象となった。

1-2　研究対象地域の選定

　中国の国内市場はスケールが大きいだけではなく、多様化・複雑化している。中国においては、北京、天津、上海、重慶の4つの直轄市が存在する。その中で、最も注目されるのは北京である。北京は中央官庁が集中している上、中国の最高権力機関である全国人民代表大会の所在地であり、「官僚志向」の北京と呼ばれている。2011年の北京市の市内総生産は約1兆6252億元であり、上海（1兆9195億）に次いで中国本土第2位である[2]。2011年の「フォーチュン・グローバル500」においては、東京に次ぎ世界で2番目に大企業の本社が集積している都市との評価を受けている[3]。北京は中国ビジネスの統括拠点であり、発展を目指すものと見られており、産業構造では第三次産業への依存度が非常に高い。第三次産業は2012年のGDPの76.1%を占めており、上海の58%より遥かに高い水準である。2012年の社会消費財小売総額は6229億元で、中国本土で1位を維持している[4]。

　北京は中国の他の地域より内陸市場に対して影響力が大きく、外資系小売企業だけでなく、国内小売企業でも北京市場を通さなければ中国全土での広がりは見込めないといわれている[5]。都市計画に従い、天安門を中心に年々都市圏を拡大し、商業集積地が多く存在しており、今後また増える見込みである。

　また、北京で暮らしている消費者は元々の住民だけでなく、仕事関係で他の都市から移住してきた消費者が多数存在しており、収入もばらつきがあり、消費のライフスタイルを考察しやすい。

　以上の理由により、北京市は中国市場における小売業態の利用状況や評価を把握するのに適すると考える。

2．回答者の個人属性

2012年の国家統計局によると、北京において、全体的な小売企業は147社あり、6950店舗を展開しており、小売市場規模が約2352億元である。

調査地域としては、西丹商業街、王府井商業街、大柵欄商業街という北京で最もにぎやかな商業集積地である。

本アンケートの回答者の個人属性からみると、294人のうち、男性は142人で、女性は152人である。年齢層としては、20代以下は22人、20代-30代は233人、40代-50代は34人、60代以上は5人であり、若い世代の回答率が最も多く、79％以上を占めており、北京においては、20代と30代が主要な消費層であろう。また、所得水準からみると、年間5万元以下の低所得層は107人、年間5-20万元の中間所得層は153人、20万元以上の高所得層は34人で、中間所得層は主要な消費層であると考えられる（図表5-1を参照）。

3．各消費層による業態への評価

本節で表記する統計値はSPSS17.0を使用して算出された結果である。

「過去3ヵ月で最もよく利用した売業態」の総合的な満足度について、各消費層に位置する消費者が業態に対してどのように評価するか、また小売業態に何を求めているかを分析するため、小売ミックス21項目[6]を取上げ、7段階尺度で測定した。そして小売ミックス21項目の背後にある要因を探り、合成尺度を作成するため、主因子法、バリマックス回転による探索的因子分析を実施した。さらに、抽出された各因子による顧客満足への説明の程度を分析するために、各因子スコアを説明変数、顧客満足の評価尺度得点を被説明変数とする重回帰分析を実施した。

3-1　消費者全体の総合的な評価

北京市場における消費者が「過去3ヵ月で最もよく利用した小売業態」の総合的な満足度に影響を及ぼす要因を分析するため、小売ミックス21項目を探索

図表5-1　各所得層によるアンケート回答者の個人属性

個人属性	区分	低所得層 107(36%)	中間所得層 153(52.4%)	高所得層 34(11.6%)	合計
性別	男性	47 (16%)	76(25.9%)	19 (6.5%)	142(48.3%)
	女性	60(20.4%)	77(26.2%)	15 (5.1%)	152(51.7%)
年齢	10代	12 (4.1%)	8 (2.7%)	2 (0.7%)	22 (7.5%)
	20代	58(19.7%)	101(34.4%)	24 (8.2%)	183(62.2%)
	30代	15 (5.1%)	31(10.5%)	4 (1.4%)	50(17.0%)
	40代	12 (4.1%)	8 (2.7%)	3 (1.0%)	23 (7.8%)
	50代	7 (2.4%)	3 (1.0%)	1 (0.3%)	11 (3.7%)
	60代以上	3 (1.0%)	2 (0.7%)	0 (0%)	5 (1.7%)
結婚有無	未　婚	64(21.8%)	89(30.3%)	20 (6.8%)	173(58.8%)
	既　婚	43(14.6%)	64(21.8%)	14 (4.8%)	121(41.2%)
家族構成	1人	11 (3.7%)	8 (2.7%)	1 (0.3%)	20 (6.8%)
	2人	10 (3.4%)	12 (4.1%)	7 (2.4%)	29 (9.9%)
	3－4人	62(21.1%)	114(38.8%)	22 (7.5%)	198(67.3%)
	5人以上	24 (8.2%)	19 (6.5%)	4 (1.4%)	47(16.0%)
最終学歴	中　卒	20 (6.8%)	6 (2.0%)	0 (0%)	26 (8.8%)
	高　卒	29 (9.9%)	20 (6.8%)	3 (1.0%)	52(17.7%)
	短大卒	24 (8.2%)	37(12.6%)	7 (2.4%)	68(23.1%)
	大　卒	27 (9.2%)	73(24.8%)	18 (6.1%)	118(40.1%)
	大学院以上	7 (2.4%)	17 (5.8%)	6 (2.0%)	30(10.2%)
職種	公務員	3 (1.0%)	11 (3.7%)	1 (0.3%)	15 (5.1%)
	会社員	40(13.6%)	78(26.5%)	11 (3.7%)	129(43.9%)
	専業主婦	1 (0.3%)	4 (1.4%)	3 (1.0%)	8 (2.7%)
	自営業	4 (1.4%)	13 (4.4%)	3 (1.0%)	20 (6.8%)
	定年／就活中	9 (3.1%)	2 (0.7%)	2 (0.7%)	13 (4.4%)
	学生	12 (4.1%)	15 (5.1%)	10 (3.4%)	37(12.6%)
	専門職	11 (3.7%)	19 (6.5%)	3 (1.0%)	33(11.2%)
	営業など	5 (1.7%)	4 (1.4%)	1 (0.3%)	10 (3.4%)
	工場作業員	12 (4.1%)	3 (1.0%)	0 (0%)	15 (5.1%)
	その他	10 (3.4%)	4 (1.4%)	0 (0%)	14 (4.8%)
利用業態	GMS	33(11.2%)	75(25.5%)	18 (6.1%)	126(42.9%)
	DP	4 (1.4%)	16 (5.4%)	3 (1.0%)	23 (7.8%)
	SM	55(18.7%)	44(15.0%)	9 (3.1%)	108(36.7%)
	SS	3 (1.0%)	7 (2.4%)	2 (0.7%)	12 (4.1%)
	CVS	12 (4.1%)	10 (3.4%)	2 (0.7%)	24 (8.2%)
	WHC	0 (0%)	1 (0.3%)	0 (0%)	1 (0.3%)

図表5-2　よく利用する小売業態の因子分析（全体）

	因子		
	1	2	3
こだわり	.759	.058	.406
店内情報	.714	.171	.391
品質	.669	.337	.336
特売	.666	.381	.154
新鮮さ	.651	.480	.087
返品	.647	.359	.242
輸入品	.647	.219	.373
安全性	.610	.563	.208
ポイント	.488	.260	.353
価格	.483	.395	.266
営業時間	.196	.617	.276
品揃え	.346	.605	.384
ワンストップ	.309	.573	.328
在庫	.503	.560	.268
立地	.141	.557	.241
クレジット	.272	.522	.368
清掃	.315	.371	.757
雰囲気	.393	.312	.689
明るさ	.280	.396	.672
レイアウト	.334	.453	.591
店員対応	.347	.398	.538
因子名称	商品属性要因	購買便利性要因	売場・サービス要因
固有値	11.519	1.383	1.049
寄与率	53.1%	4.8%	3.3%
累積寄与率	53.1%	57.9%	61.2%

注：①因子抽出法：主因子法
　　②回転法：Kaiserの正規化を伴うバリマックス法

図表5-3 顧客満足に対する小売ミックスの重回帰分析（全体）

(1) モデル要約

モデル	R	R2乗	調整済みR2乗	標準偏差推定値の誤差
1	.606	.367	.361	.742

(2) 分散分析

モデル	平方和（分散成分）	自由度	平均平方	F 値	有意確率
回帰	92.769	3	30.923	56.097	.000
残差（分散分析）	159.860	290	.551		
合計（ピボットテーブル）	252.629	293			

(3) 係数

	標準偏回帰係数	標準誤差	t	有意確率
切片	4.554	.043	105.181	.000
因子1	.275**	.048	5.771	.000
因子2	.281**	.050	5.570	.000
因子3	.420**	.049	8.582	.000

注：**＝p＜0.01、*＝p＜0.05

的因子分析にかけ、各因子の因子得点を説明変数とする重回帰分析を行った。その結果は以下の通りである。

　図表5-2は因子分析の結果である。固有値1以上の因子は3つ抽出された。それぞれの寄与率は、53.1％、4.8％、3.3％となっている。

　また、この3つの因子は、顧客の総合的な満足度に与える影響を分析するために、3つの因子スコアを説明変数、顧客満足を被説明変数とする線形重回帰分析（強制導入法）を行った。

　分散分析の結果を見ると1％水準で有意であるので、あてはまりのよいモデルといえる（図表5-3を参照）。

　次に顧客満足に対する3つの因子スコアとの重回帰分析の結果、3つの係数すべて1％水準で有意である。偏回帰係数の大きさで比較すると、因子3の売

場・サービス要因の影響度が最も高く（0.420）、次いで因子2の購買便利性要因（0.281）、因子1の商品属性要因（0.275）と続いている（図表5-3を参照）。
　次に、各所得層（低・中間・高）別、業態別による各因子の顧客満足度への影響について分析する。

3-2　低所得層

　前章で紹介したように、低所得層の消費者は年間所得約5万元以下と見なし、最も利用する業態はスーパーマーケット（51.4％）であり、全業態利用率の半分以上を示している（図表5-4を参照）。次に多く利用する業態は総合スーパー（30.8％）である。また百貨店業態の利用率は3.7％で、低消費層においてはまだ低い状態である。低所得層においては、低価格販売戦略を取っているス

図表5-4　低所得層の利用業態

	度数	％
総合スーパー	33	30.8
百貨店	4	3.7
スーパーマーケット	55	51.4
専門店	3	2.8
コンビニエンスストア	12	11.2
合計	107	100.0

図表5-5　低所得層の利用企業

	度数	％
国有小売企業	33	30.8
外資系小売企業	22	20.6
地元企業	32	29.9
よく知らない	20	18.7
合計	107	100.0

ーパーマーケットと総合スーパーが主要業態であり、市場シェアが大きいと考えられる。

また、利用する企業を見てみると、国有小売企業と地元企業に集中しており（図表5-5を参照）、中国本土の企業が低所得層のニーズに適合しているのであろう。

上記した全体の因子分析の3つの因子をベースに、これらの要因は低所得層が業態を利用する際の評価の軸となっている（図表5-2を参照）。

3つの因子は、低所得層の消費者の総合的な満足度にどのように影響しているのか、この点を検証するために、3つの因子スコアを説明変数、顧客満足を被説明変数とする線形重回帰分析（強制導入法）を行った。

分散分析の結果を見ると、1％水準で有意である（図表5-6を参照）。

図表5-6 顧客満足に対する小売ミックスの重回帰分析（低所得層）

(1) モデル要約

モデル	R	R2乗	調整済みR2乗	標準偏差推定値の誤差
1	.516	.267	.245	.776

(2) 分散分析

モデル	平方和（分散成分）	自由度	平均平方	F 値	有意確率
回帰	22.543	3	7.514	12.480	.000
残差（分散分析）	62.018	103	.602		
合計（ピボットテーブル）	84.561	106			

(3) 係数

	標準偏回帰係数	標準誤差	t	有意確率
切片	4.562	.077	59.265	.000
因子1	.331**	.093	3.568	.001
因子2	.253**	.089	2.844	.005
因子3	.470**	.094	5.016	.000

注：**＝p<0.01、*＝p<0.05

低所得層における顧客満足に対する3つの因子スコアとの重回帰分析の結果、3つの係数すべて1％水準で有意である。偏回帰係数の大きさで比較すると、因子3の売場・サービス要因の影響度が最も高く（0.470）、次いで因子1の商品属性要因（0.331）、因子2の購買便利性要因（0.253）と続いている。全体の顧客満足に対する小売ミックスの重回帰分析と比較すると、因子係数の大きい順は同様であるが、低所得層の因子3と因子2の係数は全体の顧客満足の因子3と因子2より大きい（図表5-6を参照）。

3-3　中間所得層

　前文で紹介したように、近年、中国の消費社会においては、中間消費層が急増しており、徐々に中国の主要消費群になりつつある。

　本アンケートの主要回答者は年間所得5-20万元の中間所得層である。主要な利用業態は低所得層のスーパーマーケット（28.8％）と対照的に、総合スーパーの利用率（49％）が圧倒的に多いことが分かる（図表5-7を参照）。また、3つの消費層において、最も百貨店業態（10.5％）を利用するのは中間所得層である。

　低所得層と異なり、中間所得層がよく利用する企業は外資系小売企業である（図表5-8）。外資系小売企業が中国市場に進出して以来、主に中間所得層と高所得層をターゲットにしてきた。この主旨は本アンケートの結果と一致して

図表5-7　中間所得層の利用業態

	度数	％
総合スーパー	75	49.0
百貨店	16	10.5
スーパーマーケット	44	28.8
専門店	7	4.6
コンビニエンスストア	10	6.5
メンバーズストア	1	.7
合計	153	100.0

図表5-8　中間所得層の利用企業

	度数	%
国有小売企業	39	25.5
外資系小売企業	62	40.5
地元企業	22	14.4
よく知らない	30	19.6
合計	153	100.0

図表5-9　顧客満足に対する小売ミックスの重回帰分析（中間所得層）

(1) モデル要約

モデル	R	R2乗	調整済みR2乗	標準偏差推定値の誤差
1	.677	.459	.448	.705

(2) 分散分析

モデル	平方和（分散成分）	自由度	平均平方	F 値	有意確率
回帰	62.652	3	20.884	42.057	.000
残差（分散分析）	73.988	149	.497		
合計（ピボットテーブル）	136.641	152			

(3) 係数

	標準偏回帰係数	標準誤差	t	有意確率
切片	4.603	.057	80.460	.000
因子1	.295**	.061	4.849	.000
因子2	.253**	.068	3.703	.000
因子3	.410**	.061	6.685	.000

注：**＝p＜0.01、*＝p＜0.05

いるが、今後内陸部の経済成長につれ、低所得層の上層部までターゲット層が拡大していくと考えられる。

　3つの因子は、中間所得層の消費者の総合的な満足度にどのように影響して

いるのか、この点を検証するために、3つの因子スコアを説明変数、顧客満足を被説明変数とする線形重回帰分析(強制導入法)を行った。

分散分析の結果を見ると1％水準で有意であるので、あてはまりのよいモデルといえる(図表5-9を参照)。

中間所得層における顧客満足に対する3つの因子スコアとの重回帰分析の結果、3つの係数すべて1％水準で有意である。偏回帰係数の大きさで比較すると、因子3の売場・サービス要因の影響度が最も高く(0.410)、次いで因子1の商品属性要因(0.295)、因子2の購買便利要因(0.253)と続いている。影響度からみると、中間所得層は低所得層と同じ傾向が見られており、とりわけ、因子3のような売場・サービスに最も満足を得られていることが分かる(図表5-9を参照)。

3-4 高所得層

年間20万元以上の所得を有するのは高所得層といわれている。全体の比率は低いが、中間所得層と同じく近年増える傾向にある。

高所得層は中間所得層に類似した部分があり、よく利用する業態は総合スーパー(52.9％)で、高所得層のほうが中間所得層より外資系小売企業に関心を持っている(図表5-10、5-11を参照)。

3つの因子は、高所得層の消費者の総合的な満足度にどのように影響しているのか、この点を検証するために、3つの因子スコアを説明変数、顧客満足を

図表5-10 高所得層の利用業態

	度数	％
総合スーパー	18	52.9
百貨店	3	8.8
食品スーパー	9	26.5
専門店	2	5.9
コンビニエンスストア	2	5.9
合計	34	100.0

図表 5-11 高所得層の利用企業

	度数	%
国有小売企業	8	23.5
外資系小売企業	15	44.1
地元企業	5	14.7
よく知らない	6	17.6
合計	34	100.0

図表 5-12 顧客満足に対する小売ミックスの重回帰分析（高所得層）

(1) モデル要約

モデル	R	R2乗	調整済みR2乗	標準偏差推定値の誤差
1	.595	.355	.290	.779

(2) 分散分析

モデル	平方和（分散成分）	自由度	平均平方	F 値	有意確率
回帰	10.010	3	3.337	5.492	.004
残差（分散分析）	18.225	30	.608		
合計（ピボットテーブル）	28.235	33			

(3) 係数

	標準偏回帰係数	標準誤差	t	有意確率
切片	4.322	.137	31.482	.000
因子1	.034	.146	.236	.815
因子2	.554**	.156	3.554	.001
因子3	.428*	.199	2.154	.039

注：**＝p＜0.01、*＝p＜0.05

被説明変数とする線形重回帰分析（強制導入法）を行った。

分散分析の結果を見ると1％水準で有意である（図表5-12を参照）。

高所得層における重回帰分析では、顧客満足に対する3つの因子スコアとの

重回帰分析の結果、因子2の係数は1％水準で、因子3の係数は5％水準で有意であるが、因子1の係数は有意ではない。偏回帰係数の大きさで比較すると、因子2の購買便利性要因の影響度が最も高く（0.554）、次いで因子3の売場・サービス要因（0.428）と続いている（図表5-12を参照）。

以上のように、高所得層は低所得層と中間所得層との違う動きを示しており、とりわけ因子1のような商品属性要因は満足度に影響を与えないことが確認できた。

4．主要業態への評価

本アンケートでは、中国各小売業態の売上高ランキングによって、スーパーマーケット、百貨店、総合スーパー、専門店、メンバーズストア、コンビニエンスストアの6つの業態を取り出した。総合スーパー（42.9％）と食品スーパー（36.7％）がメインに利用される業態であり、全体の79.6％を占めている（図表5-13）。

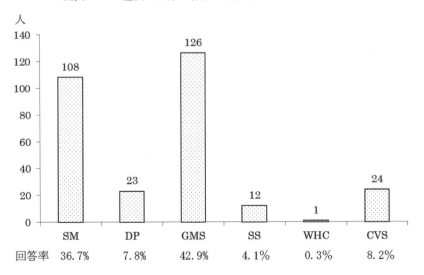

図表5-13 過去3ヵ月で最もよく利用した小売業態の回答数

本稿ではメインに利用される2つの業態(総合スーパー、スーパーマーケット)について、上記の分析と同じく、全体の因子分析をベースに重回帰分析を行う。

4-1 総合スーパーへの評価

総合スーパーを利用する際、3つの因子は総合的な満足度にどのように影響しているのか、この点を検証するために、3つの因子スコアを説明変数、顧客満足を被説明変数とする線形重回帰分析(強制導入法)を行った。

分散分析の結果を見ると1%水準で有意であるので、あてはまりのよいモデルといえる(図表5-14を参照)。

総合スーパーを利用する際、顧客満足に対する3つの因子スコアとの重回

図表5-14 顧客満足に対する小売ミックスの重回帰分析(総合スーパー)

(1) モデル要約

モデル	R	R2乗	調整済みR2乗	標準偏差推定値の誤差
1	.600	.360	.344	.864

(2) 分散分析

モデル	平方和(分散成分)	自由度	平均平方	F 値	有意確率
回帰	51.207	3	17.069	22.846	.000
残差(分散分析)	91.150	122	.747		
合計(ピボットテーブル)	142.357	125			

(3) 係数

	標準偏回帰係数	標準誤差	t	有意確率
切片	4.617	.079	58.421	.000
因子1	.275**	.090	3.043	.003
因子2	.373**	.097	3.828	.000
因子3	.345**	.087	3.963	.000

注:**=$p<0.01$、*=$p<0.05$

分析の結果、3つの係数すべて1％水準で有意であった。偏回帰係数の大きさで比較すると、因子2の購買便利性要因の影響度が最も高く（0.373）、次いで因子3の売場・サービス要因（0.354）、因子1の商品属性要因（0.275）と続いている（図表5-14を参照）。

4-2　スーパーマーケットへの評価

スーパーマーケットを利用する際、3つの因子は総合的な満足度にどのように影響しているのか、この点を検証するために、3つの因子スコアを説明変数、顧客満足を被説明変数とする線形重回帰分析（強制導入法）を行った。

分散分析の結果を見ると1％水準で有意である（図表5-15を参照）。

スーパーマーケットを利用する際、顧客満足に対する3つの因子スコアとの

図表5-15　顧客満足に対する小売ミックスの重回帰分析（スーパーマーケット）

(1) モデル要約

モデル	R	R2乗	調整済みR2乗	標準偏差推定値の誤差
1	.606	.367	.349	.596

(2) 分散分析

モデル	平方和（分散成分）	自由度	平均平方	F 値	有意確率
回帰	21.449	3	7.150	20.119	.000
残差（分散分析）	36.958	104	.355		
合計（ピボットテーブル）	58.407	107			

(3) 係数

	標準偏回帰係数	標準誤差	t	有意確率
切片	4.528	4.528	76.137	.000
因子1	.150	.150	1.985	.050
因子2	.223**	.223	3.234	.002
因子3	.523**	.523	7.192	.000

注：**＝$p<0.01$、*＝$p<0.05$

重回帰分析の結果、因子2と因子3の係数が1％水準で有意であるが、因子1の係数は有意ではない。偏回帰係数の大きさで比較すると、因子3の売場・サービス要因の影響度が最も高く（0.523）、次いで因子2の購買便利性要因（0.223）と続いている（図表5-15を参照）。

すなわち、消費者が総合スーパーを利用する際に、最も満足しているのは因子2の購買便利性要因であるが、一方、スーパーマーケットの場合は因子3の売場・サービス要因であることが理解できた。

5．まとめ

本章においては、北京市場における消費者が「過去3ヵ月で最もよく利用する小売業態」の総合的な満足度について調査した。各所得層に位置する消費者が小売業態に対して、いかに評価するのかを明確するために、小売ミックス21項目を取上げ、7段階尺度で測定した。また、小売ミックス21項目の背後にある要因を探り、合成尺度を作成するため、主因子法、バリマックス回転による探索的因子分析を実施した。さらに、抽出された各因子による顧客満足への説明の程度を分析するために、各因子スコアを説明変数、顧客満足の評価尺度得点を被説明変数とする重回帰分析を実施した。

その因子結果として、固有値1以上の因子は3つ抽出され、因子1の商品属性要因、因子2の購買便利性要因、因子3の売場・サービス要因と名づけられた。

また抽出された因子スコアをベースに、消費者を3つの所得層に分け、各所得層の特徴を整理してみると、低所得層において最も利用される小売業態はスーパーマーケットで、国有小売企業を主に選択する。小売業態を利用する際には、3つの因子のなかで、明るさ、清掃、雰囲気、レイアウトのような因子3の売場・サービス要因と、こだわり商品、商品品質、特売商品のような因子1の商品属性要因が顧客満足に影響している。

中間所得層においては、総合スーパーがよく利用され、外資系小売企業の方が人気がある。評価軸の3つの因子のうち、低所得層と同じく因子3の売場・サービス要因が顧客満足に大きな影響を与えている。すなわち、店舗の環境や

サービスなどの影響力が強いといえよう。

　高所得層においては、中間所得層と同様に、総合スーパーと外資系小売企業を中心に利用している。しかし、低所得層、中間所得層と異なり、因子2の営業時間、ワンストップショッピング、立地、クレジットカードなどのような購買便利性要因が顧客満足に最も影響を与えているが、こだわり商品、商品品質、特売商品のような因子1の商品属性要因は小売業態を利用する際に、満足度への影響がほとんどないことが分かる。

　小売業態を利用する際に、すべての消費層において、因子2の購買便利性要因と因子3の売場・サービス要因は顧客満足に正の影響を及ぼしていることが明らかになった。

　さらに、業態ごとに見てみると、主に使われている業態は総合スーパーとスーパーマーケットである。総合スーパーを利用する際には、営業時間、ワンストップショッピング、立地、クレジットカードなどのような因子2の購買便利性要因が顧客満足に対して主たる影響を与える一方、スーパーマーケットを利用する際には清掃、明るさ、雰囲気のような因子3の売場・サービス要因が顧客満足に対して主たる影響を与えることが理解できた。

　第4章で述べたように、中国では中間所得層が現在主要な消費者群になっている。その家族構成から見ると、「一人っ子政策」の影響を受け、世帯規模が縮小し、3-4人家族のような「核家族」が進行しており、その家庭の中の「80后」と「90后」が中間所得層の主力になっていることを強調した。本分析の回答者の個人属性を振り返ってみると、中間所得層の回答率は半数以上を占め、その中で20代と30代の消費者がメインであり、3-4人の「核家族」が中心であった。

　本分析は主に北京の繁華街において実施したアンケートであり、限られた地域と人数の回答であった。中国消費市場の全体像を説明するとは言い難いが、このような一部の調査でも、北京の消費市場の縮図として意味があると考えられる。

　またこの分析の結果をベースに、終章において業態展開するための助言を試みる。

1）本アンケートの中では、小売企業の資本関係としては、国有小売企業、外資系小売企業、また地元小売企業（民営企業を指す）の三つに分けることとする。
2）中国国家統計局『中国統計年鑑2012』。
3）Fortune Global 500サイト（2012年）。
http://money.cnn.com/magazines/fortune/global500/2012/full_list/。
4）中国国家統計局『中国統計年鑑2012』。
5）徐向東（2011/11/14）「チャイナパワーと共に描くニッポン成長路線」日経BP.NET 記事。
6）本調査において、25項目の中で、抽出された因子に影響の低い項目（送迎バス、PB商品、駐車場、レジ）を取り除き、その結果、21項目を中心に分析を行った。

第6章　中国市場における小売業の競争

1．外資系小売企業の中国展開

　1978年に経済改革・開放政策を実施し、特にWTOに加盟して以降、中国は最も成長力に富んだ巨大新興市場として、世界中から注目を集めており、参入規制の緩和や巨大市場の潜在力などの魅力を擁している。この節では、外資系小売企業の参入動向と特徴を考察してみる。

1-1　参入の現状
　中国の小売市場規模は一貫して拡大傾向にあり、WTO加盟以降、社会消費品小売総額の成長率が上昇している。現在、中国市場には、世界的規模で活動する大手の小売企業の多くがすでに進出しており、中国の流通近代化を推進している。
　ウォルマート、カルフール、オーシャン、ロータス、メトロ、セブンイレブン、イオン、B&Qなどの外資系小売企業は中国における出店を競っている。日本からも、1992年のヤオハンに始まり、百貨店、総合スーパー、ショッピングセンター、コンビニエンスストア等が相次いで進出している（図表6-1を参照）。

図表 6-1　主要な外資系小売企業の中国進出リスト（1984～2011年）

	企業名	本社	進出年度		企業名	本社	進出年度
1	百佳	香港	1984	36	平和堂	日本	1998
2	ワトソン	香港	1989	37	イケア	スウェーデン	1998
3	貴友大廈	香港	1990	38	OBI	ドイツ	1998
4	華潤万家	香港	1991	39	来雅百貨	台湾	1998
5	蘇果	香港	1991	40	B&Q	イギリス	1999
6	ヤオハン	日本	1992	41	レーンクロフォード	香港	2000
7	セブンイレブン	日本	1992	42	イーマート	韓国	2001
8	恵罗百貨	香港	1992	43	喜士多	台湾	2001
9	燕莎友誼	シンガポール	1992	44	OKコンビニストア	香港	2002
10	サイテックプラザ	日本	1992	45	ユニクロ	日本	2002
11	パークソン	マレーシア	1993	46	Dia%	フランス	2003
12	新東安	香港	1993	47	ファミリーマート	台湾	2004
13	太平洋百貨	台湾	1993	48	Leroy Merlin	フランス	2004
14	東方商廈	香港	1993	49	Champion	フランス	2004
15	伊勢丹	日本	1993	50	久光百貨	香港	2004
16	新世界百貨	香港	1993	51	特力和楽	台湾	2004
17	美美百貨	香港	1994	52	インタイム	アメリカ	2005
18	平和堂	日本	1994	53	無印良品	日本	2005
19	天津大栄	日本	1995	54	ザ・ホーム・デポ	アメリカ	2006
20	カルフール	フランス	1995	55	Jordon	オーストラリア	2006
21	イオン	日本	1995	56	ベストバイ	アメリカ	2006
22	ウォルマート	アメリカ	1996	57	ハニーズ	日本	2006

23	メトロ	ドイツ	1996	58	ZARA	スペイン	2006
24	マクロ	オランダ	1996	59	新光天地	台湾	2006
25	ローソン	日本	1996	60	楽賓百貨	インドネシア	2007
26	イトーヨーカ堂	日本	1996	61	H&M	スウェーデン	2007
27	パリ春天百貨（PCDストアーズ）	香港	1996	62	ロッテマート	韓国	2008
28	プライススマート	アメリカ	1997	63	マークス＆スペンサー	イギリス	2008
29	トラストマート	台湾	1997	64	ヤマダ電機	日本	2008
30	ロータス	タイ	1997	65	ポイント	日本	2009
31	アホールド	オランダ	1997	66	GAP	アメリカ	2010
32	テスコ	イギリス	1997	67	ラオックス	日本	2010
33	オーシャン	フランス	1997	68	イズミヤ	日本	2011
34	デニス	台湾	1997	69	ユニー	日本	2011
35	大潤発	台湾	1998				

出所：李飛（2009）『中国小売業対外開放研究』経済科学出版社 PP. 64～66、『中国チェーンストア経営協会年鑑』1990年～2010年、『中国統計年鑑』1984年～2010年、及び各社ホームページ、報道により作成

　2013年4月に中国チェーン経営協会が公布した中国小売企業ランキングのトレンドを確認すると、上位10位以内に、台湾資本の大潤発、ウォルマート、ヤム・ブランズ、カルフールなどがランクインしており、外資系小売企業の存在感が大きいことがわかる（図表6-2を参照）。

　また、外資系小売企業の成長率からみると、台湾資本の大潤発[1]は近年二桁の成長率を維持しており、迅速かつ大規模での出店により、売上高が上位を占めている（図表6-3を参照）。外資系小売企業のランキング・上位20社を確認すると、アジア資本と欧米系資本がほぼ対等に存在している。マイナス成長をするベストバイや香港資本の百佳、またゼロ成長のイトーヨーカ堂、イーマート以外の16社は年々売上高が伸びており、規模を拡大しつつある。1992年から

図表6-2　2012年中国小売企業ランキング（売上高単位：億元）

	企業名	本社	売上	店舗数	業態
1	蘇寧雲商集団股份有限公司	中国	1240	1705	CE、EC
2	百聯集団	中国	1220	5147	DP、GMS、SM、CVS、他
3	国美電器集団	中国	1174	1685	CE、EC
4	華潤万家集団	中国	941	4423	GMS、SC、SM、CVS、他
	傘下企業：蘇果超市		331	2098	SC、SM、CVS、他
5	康成投資（大潤発）	台湾	724	219	GMS、CVS
6	ウォルマート	アメリカ	580	395	GMS、SM、他
7	重慶商社有限公司	中国	544	327	DP、SM、CE、他
	傘下企業：重慶百貨		333	286	DP、SM、CE
8	ヤム・ブランズ	アメリカ	522	5200	SS
9	山東省商業集団有限公司	中国	493	526	DP、SC、SM、HC、他
10	カルフール	フランス	452	218	GMS、HD、他

出所：中国チェーン経営協会『中国チェーン経営年鑑2012』より作成

わずか20年の間で、外資系小売企業が中国市場において確固たる地位を築いてきたといえる。

1-2　参入方式の変化

　第3章で詳しく紹介したように、外資系小売企業は段階的に中国市場の進出を果たした。WTO加盟以前は市場参入方式、出店地域、また店舗数などが厳しく限定されたことから、2004年完全開放によって外資系小売企業は一気に中国市場に進出するという動きを示している。
　参入方式が政府の行政介入により規定されており、WTOに加盟するまで、制度上においては、外資系小売企業は中国側の企業と合弁、また合作（業務提携）をする形での進出しか認められなかったが、WTO加盟後、3年経過してからは完全開放が実施され、独資投資、M&A（合併と買収）、フランチャイズ方式などが認められるようになった。

図表6-3　外資系小売企業のランキング（売上高単位：億元）

2012	2011	企業名	売上高	売上伸び率	店舗数	店舗伸び率
1	1	大潤発	724	17.7%	219	18.4%
2	4	ウォルマート	＊580	3.6%	395	6.8%
3	3	ヤム・ブランズ	522	30.5%	5200	16.9%
4	2	カルフール	452	0.2%	218	7.4%
5	5	ベストバイ	241	－12.0%	252	－9.7%
6	6	テスコ	＊200	11.1%	111	8.8%
7	7	パークソン	197	20.1%	48	4.3%
8	10	メトロ	179	29.7%	64	18.5%
9	9	ロッテマート	163.1	6.7%	99	8.8%
10	12	オーシャン	163	28.4%	54	20.0%
11	8	新世界百貨	＊160	3.2%	39	0.0%
12	14	ロータス	＊124	6.6%	57	9.6%
13	13	デニス	122	13.0%	144	45.5%
14	15	ワトソン	＊120	20.0%	1500	36.4%
15	16	マクドナルド	＊90	11.1%	1500	7.1%
16	18	イオン	80	21.3%	36	20.0%
17	19	イケア	76	21.2%	11	22.2%
18	17	イトーヨーカ堂	74	0.0%	13	0.0%
19	20	百佳	40	－5.1%	51	10.9%
20	21	イーマート	＊24	0.0%	16	0.0%
		合計	4337	11.3%	10027	16.2%

注：①＊は推測値である。
　　②ウォルマートのデータは買収したトラストマートのデータを含む。
出所：中国チェーン経営協会『中国チェーン経営年鑑2012』より作成

流通業に関する開放が始まってから WTO 加盟以前の時代を振り返って見ると、小売だけでなく卸売を合わせ、約10年間で、政府主導の合弁・合作方式が厳しく貫徹されており、これが当時の外資系小売企業の参入方式の大きな特徴でもあった。また、中国の中央政府と地方政府の制度上の乖離により、「中央政府認可型」・「地方政府認可型」の合弁・合作方式が並存していた。

　1992年、中央政府は15社の合弁・合作企業の設立を許可し（図表6-4を参照）、これらの企業は「中央政府認可型」の合弁・合作企業といわれる。この図表が示しているように、合弁側の企業は、ウォルマート以外、すべてアジア企業で、百貨店業態を中心とする企業がほとんどであり、チェーンストアのような新興小売企業は少なかった[2]。それは開放初期において、小売経営技術よりも資金導入が優先され、中央政府が近代的な小売経営の重要性に関してあまり認識していなかったためである[3]。

　また上記に記載された企業以外に、地方政府に認可された合弁・合作方式の企業も存在しており、実際に許可された企業は「中央政府認可型」の数より多く199社もあった。それは、地方政府は外資系小売企業の進出を実現するために、中央政府の政策の「抜け道」を利用し、中央政府に認可されない小売企業において地方レベルで「正当名目」を作り上げ、進出を実現させた[4]。このことは中央政府による政策の不透明性も表している。このような「地方政府認可型」の合弁・合作企業は中央政府の方針に反し、「非合法」的な存在であり、第3章で分析した1997年～1999年の整理整頓を招いた。

　WTO に加盟するまで、外資系小売企業の参入は政府の許可が必要とされ、出資率、経営内容、進出先、立地、店舗数などの制限があり、企業の意思で中国各地において規模拡大ができなかった。しかし中国の WTO 加盟をきっかけに、規制が大幅に緩和され、独資経営が認められ、フランチャイズ経営の制限も撤廃され、外資系小売企業の参入攻勢がいっそう活発化するようになった。

　また近年、規模拡大を図るために、独資の投資に限らず、積極的に M&A を行う企業もよく見られる。ウォルマートは中国三大経済圏[5]においてはドミナントエリアを形成し、更に販売網を拡大するために、2007年に福建省、上海、杭州、北京などで店舗を持っているトラストマートを買収した。また、華東地区に浸透するため、テスコは楽購を買収し全国展開を目標に、積極的に出店攻

図表 6-4　1991～1997年国務院より許可された合弁小売企業リスト

年度	合弁企業名	出店先	海外企業	中国企業
1992	北京燕莎友誼商城	北京	シンガポール新城集団	北京友誼商城
	新東安有限公司	北京	香港新鴻基不動産	北京東安集団
	大連国際商業貿易公司	大連	Nichii of Japan／香港中信	大連商貿公司
	広州華連百老滙	広州	Broadway Cinematheque	広州糖業煙酒公司
	広州天河広場	広州	香港正大国際	広州佳景商貿公司
	青島第一百盛	青島	マレーシアパークソン集団	青島第一百貨公司
	青島佳士客有限公司	青島	ジャスコ	青島市供銷社
	汕頭金銀島貿易公司	汕頭	香港正大国際	汕頭中国旅行集団
	上海第一八佰伴有限公司	上海	ヤオハン・ジャパン	上海一百股份有限公司
	上海華潤	上海	香港華潤集団	上海華連商厦
	上海東方商厦	上海	香港上海実業公司	上海商業開発公司
	上海佳士客	上海	ジャスコ	上海申華／華悦／中信香港
	深圳ウォルマート	深圳	ウォルマート（アメリカ）	深圳国際信託投資公司
	天津華信商厦	天津	香港信徳集団	天津華連商厦
	天津正大国際商厦	天津	CHIA TAI GROUP	天津立達集団
1995 ― 1997	華糖洋華堂商業有限公司	北京	株式会社イトーヨーカ堂	中国糖酒公司
	中土畜万客隆有限公司	北京	オランダ SHVMAKRO 公司、台湾豊群投資有限公司	中国土畜製品進出口総公司
	武漢未来中心百貨有限公司	武漢	台湾豊群投資有限公司	武漢中心百貨集団

出所：李飛、王高（編）（2006）『中国零售業発展歴程』社会科学文献出版社　P.348より作成

勢をかけている。

1-3 展開業態の傾向

外資系小売企業の展開業態の傾向を見ると、開放した当時、百貨店や総合スーパー業態が最初に許可され、大型店舗の出店が多かった。中央政府の狙いとしては、まず、当時の小売業態としては、主に国有の百貨店と食品店であったため、合併・合作を通し、中国既存の百貨店を活かし存続させ、食品店を総合スーパーかスーパーマーケットに転換させることを考慮していたと思われる。また、大衆消費社会の到来を見通し、優先的に総合スーパー業態を市場に導入した。例えば、フランスのカルフールはハイパーマーケット業態を中国市場で展開し、世界最大の小売企業であるアメリカのウォルマートはディスカウントストアにスーパーマーケットを加えた「スーパーセンター」などを展開している。また、日本総合スーパー業界の大手イオンは中国の華南地域を出発点に、主に総合スーパー業態を中国各地で展開している。

規制緩和に伴い、外資系小売企業の事業内容に関して幅が広くなり、外資系小売企業は業態導入を急いだ。多様化が進んでいる消費者ニーズを満たすために、ホームセンター、ショッピングセンターなどのような大型店舗の出店のみならず、コンビニエンスストア、専門店などの小型店舗や、総合スーパー、スーパーマーケット、ショッピングセンターの小型店の出店も積極的に行っている。

また、企業レベルで考えると、中国に進出している外資系小売企業を考察してみると、共通している特徴が見られる。参入当初は本国で成功の実績をもつ主力業態を一つ限定して出店させる傾向を示していたが、進出後の時間的経過とともに、地域の消費者ニーズの変化や競合企業との業態同質化を反映して、次第に複数の業態を組み合わせた、いわゆる1企業1業態から、1企業多業態戦略が重視される傾向が現れている。

1-4 出店地域の変化

中国政府の行政介入により、外資系小売企業の出店先は主に北京、上海、広東省のような沿岸部の大都市であった。WTOに加盟した後でも主に沿岸部の

大都市と二級都市に集中して出店を行っていた。2007年末までには、北京を含む華北地区、上海を含む華東地区、広州を含む華南地区の大都市は主要な出店先であった。

近年、外資系小売企業の全体的な出店の動きから見ると、華北地区、華東地区、華南地区、東北地区の大都市から、徐々に内陸部の西南地区、華中地区、西北地区へと拡大していく傾向が見られている[6]（図表6-5を参照）。

大手の小売企業は沿岸部で展開する店舗をベースに、急速に全国販売網を構築しようとしており、内陸部の各省都や中心都市に進出し、ネットワークを広げている。例えば、大潤発、ウォルマート、カルフールは中国各地においては大型店舗の総合スーパーを展開している。一方、ドミナント戦略をとっている小売企業は業態別に進出地域を選択し、ドミナントエリアを構築している。イオンは華南地区では総合スーパーを主力業態として展開しているが、華北地区ではショッピングセンターを中心に、また、山東省を軸にコンビニエンスストアの出店を急いでいる。また、セブンイレブンは北京を拠点にして事業拡大を図っている。

2．国内小売企業の発展

外資系小売企業が中国に進出して以来、中国国内の小売企業の改革は継続的に行われてきた。先進的な小売経営方式の導入、チェーンストア企業やフランチャイズ経営の拡大、POSシステム、物流配送システムの導入・普及により、国内小売企業の成長は著しいものがあった。

2-1 流通業開放以前の国内小売企業

経済改革・開放政策の実施は、中国国内小売企業に刺激を与え、成長のチャンスを与えた大きな要因である。以前、国内小売企業は競争優位性であれ、成長力であれ、外資系小売企業とは大きな差が存在していた。

(1) 管理体制

改革・開放以前は、中国の小売企業はほぼ国家によって所有され、中央政府

図表6-5 大手外資系小売企業の出店地域分布図

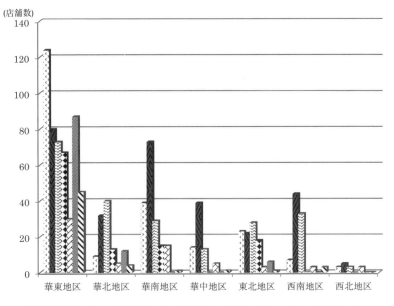

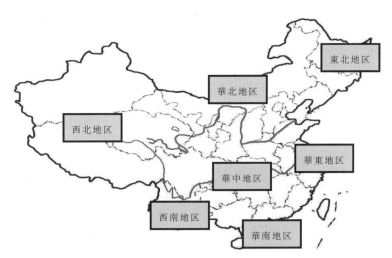

注：ウォルマートの店舗数はトラストマートの99店舗を含まれていない。
出所：「聯商網」2013/02/02の報道データに基づき作成

または地方政府が運営していた。しかも小売管理体制としては、商品ごとに管理部門が異なっていた。政府が小売企業について極めて細かく管理しており、市場メカニズムが機能する余地は非常に難しかった。

また、企業内部の組織管理は不十分であり、チェーンストア経営の実施ができず、国内小売企業は競争優位性がなく、発展が鈍化し、長期的な発展が難しかった。

(2) 消費者志向やマーケティングの欠如

当時、国家の計画により商品を生産するため、中国の流通市場は売り手市場であった。小売企業はいかに消費者の求める適切な商品を調達し、消費者の求める条件でタイミングよく商品を売るかについて、まったく無関心な状態が続いており、消費者志向やマーケティングという考え方も存在しなかった。

(3) 管理システム

国内小売企業は体系的・科学的・近代的な管理システムや標準化された小売管理ノウハウを持っていなかった。POS情報システムやバーコードシステム、バイヤーノウハウ、物流センター・配送技術、IT管理などの技術はきわめて外資系小売企業との落差が大きかった。また、商品調達の方式は画一的な処理にとどまっていた。国内・省内での販売方式では、商品調達が伝統的な方式で行われ、サプライヤーから直接各店舗に配送する形を取っており、物流センター、サプライチェーンの構築はなかった。コスト削減や商品のタイミングのよい品揃え・競争関係なども制限されていた。

また、既存の小売企業は対面販売方式がほとんどであった。セルフサービスの利用はなく、消費者の購買意欲を十分に引き出すことができなかった。

(4) 企業文化（風土）に対する理解不足

既存業態の百貨店や食品店のほとんどは国有、また省営の企業であった。小売企業は企業文化の構築、企業イメージアップ、社員教育などが、企業発展を推進する重要な要素であることを認識しなかった。

2-2 外資参入から刺激を受ける国内小売企業

経済改革・開放政策を実施した以降は、中国の小売市場に参入する外資系小売企業はしだいに増加している。先進的な小売技術や業態、巨大資本の導入によって、国内小売企業は脅威を感じている中、様々な刺激を受け改革を行っている。

(1) 先進的な小売技術の学習

先進的な小売技術を持つ外資系小売企業の中国進出は、中国流通業の近代化を推進し、近代的な小売技術をもたらすきっかけになった。

開放当初、市場に参入したヤオハンの百貨店、ワコール直営の専門店、カルフールのハイパーマーケットの出現は国内小売業にとって革命的な出来事となった。合弁・合作（業務提携）を通じ、外資系小売企業の先進的な管理技術、店舗デザインから、販売方式、仕入れシステム、品揃え、商品陳列方法、顧客サービスの提供に至るまで、国内小売企業は学習するチャンスを獲得した。外資系小売企業は国内小売企業に啓蒙的教育の役割を果たし、中国の近代的な小売経営モデルとなった。小売国際化が進んでいる中、国内小売企業は店舗デザインの学習、店名の模倣のような表面的な内容から実質的な経営内容の学習に移行している[7]。

(2) 小売業態の多様化

第2章で述べたように、外資系小売企業の参入により、中国に存在しなかった小売業態が相次いで中国市場に導入され、中国の小売業態は一気に多様化し、推進されてきた。

外資系小売企業の刺激を受け、国内資本の小売企業の新業態への投資が活発化しており、積極的に複数業態への出店を行うようになってきた。中国小売企業ランキングのトレンドを確認すると（図表6-2を参照）、上位10社の中では6社が国内資本の企業である。ヤム・ブランズ[8]以外の小売企業は、いずれも多業態で展開している。外資系小売企業と国内小売企業、さらに国内企業の場合はそれも国有企業からの展開タイプも含めて、多数のライバル企業が中国消費市場の成長をビジネスチャンスとして受け止め参入することで、活発な競争

を繰り広げている。

　中国では、これまで対面販売が主流な小売販売方式であった。1980年代に初めてセルフサービス販売方式を市場に導入したが、先進国のスーパーマーケットの形式と非常に異なっており、消費者に受容されず、市場から姿を消している。中国市場にとって、革新的な販売方式、セルフサービスを持つ総合スーパー、スーパーマーケット業態は外資系小売企業の参入によって普及が促進された。カルフールのハイパーマーケット、ウォルマートのスーパーセンター、倉庫型のサムズクラブなどの業態は消費者ニーズに適応し、次第に受容されるようになった。このような大型業態は国内小売企業にとって最初の模倣対象となった。また同じく低価格販売を武器にしたスーパーマーケット、ディスカウントストアなどの業態が普及し、近年、ホームセンター、ショッピングセンター、専門店、コンビニエンスストアなどの業態も急速に展開し、国内小売企業に先進的な小売業態の見本を提供した。国内小売業はこのような多様な業態を学習しながら、国内小売企業においても業態の多様化が活発になっている。

　またここで、言及すべきなのは中国の百貨店業態である。百貨店業態は以前から中国市場に存在し、既存業態の一つであった。百貨店業態は20世紀初頭に中国市場に出現したが、中華人民共和国が成立してから、中国独特の特徴をもっており、伝統的な小売業態ということができる。中央政府が計画経済を実施して以来、中国の百貨店は創設した当時の姿と大きく変化し、看板としては百貨店の名称を維持しながら、国から割り当てられた商品を扱う「配給機関」の一部に変化し、本来の百貨店の役割と販売方式は残っていなかった。

　流通業開放が始まり、アジア諸国・地域から百貨店業態を持つ小売企業が中国に参入した。ヤオハン、新世界百貨、パークソンなどは中国で百貨店業態を展開することによって、中国の百貨店業態が変化し始めた。外資系百貨店は先進的な小売技術を利用し、サービス提供の方法、消費環境、売場レイアウト、品揃え、販売促進の方法などで、伝統的な百貨店とは差別化し、消費者の関心を引き出し、受容されることに成功した。中央政府は外資系百貨店と提携する中国百貨店企業に合併・合弁のチャンスを通して学習させ、伝統的な百貨店が近代的な百貨店に転換させられた。中央政府が最初に百貨店業態の開放を承認した目的がここにあったといえる。上海第一百貨店や東方百廈は成功の事例と

して挙げられる。

(3) 競争促進

国内小売企業は外資系小売企業が中国市場に進出して以来、消費者の奪い合いを熾烈に行っている。

競争意識がほとんど存在しなかった中国の小売業界においては、外資系小売企業の参入によって、競争の重要性を認識するようになった。国内小売企業は外資系小売企業を学習しながら、自社の競争優位性を構築しようとしている。企業発展のため、またより多くの市場シェアを獲得するために、国内小売企業は自社の販売網を拡大する一方、先進的な小売技術を応用し、様々な業態を展開している。

現在、中国においては、多様な競争関係が発生している。国内小売企業と外資系小売企業間の競争、国内企業間の競争、外資系小売企業間の競争、また、同業態間の競争、異業態間の競争などが存在している。このような競争関係が多数存在し、消費者ニーズへの適応のみならず、中国の流通近代化が進み、国内小売企業の改革も推進されている。

(4) 人材の育成

これまで、中国の商業施設で勤務する従業員にはリストラという概念がなく、入社してから定年するまで安定的な暮らしが維持でき、小売技術を専門化しようとする意思が乏しかった。また、業務改善やより良いサービスを提供しようとする環境が整っていなかった。

外資系小売企業は社員教育、研修プログラムを中国に導入し、小売技術に熟達した専門家の育成に熱心に取り組んでいる。最初の合弁事業を通し、店舗運営などのスキルをトレーニングさせ、グループ内の転勤によって先進的な小売技術を習得させようとした。また、WTO加盟以降、転職という動きが頻繁に発生している。外資系小売企業でトレーニングを受けた人材は退職してからも小売技術を有し、国内小売企業に大切な人材として雇われ、勤務する例が多数存在している。外資系小売企業は中国市場において、中国人従業員の人材開発、教育・研修を行うことで、中国小売業界の人材育成に大きく貢献している[9]。

(5) 集団企業の再編成

　近年、外資系小売企業は最初の合弁・合作企業方式から多様な投資方式に拡大し、しだいに M&A が外資系小売企業の主要な投資方式の一つになった。外資系小売企業の規模が拡大しているなか、国内の国有集団企業は競争力を強化する目的で、企業再編の方針を打ち出した。

　M&A は中国国内小売企業にとっても代表的な投資方式となった。2002年、聯華スーパーは華商集団をグループ傘下に収めた。また、2003年、上海市政府の主導で、上海一百集団、華聯集団、友誼集団、物質集団が再編されることで、百聯集団が設立され、現在、中国最大規模の商業集団となっている。

3．各業態の発展の特徴

　ここまで述べてきたように、外資系小売企業の参入により、国内小売企業が刺激を受け、小売業態の多様化が活発に行われている。

　各業態の展開状況を確認してみると、2012年に中国国家統計局が公布したデータによると（図表6-6、図表6-7を参照）、参入企業数、総店舗数、また売上高が最も上位にあるのはスーパーマーケット業態であり、同じく消費者に生活必要品を提供する百貨店、総合スーパー業態の売上高もベスト3に入っており、中国小売業態における主要業態となっている。この3つの業態は外資系小売企業の中国における主要業態とも言える。それぞれの特徴は以下である。

3-1　百貨店

　開放政策以降、外資系百貨店は相次ぎ中国市場に進出し、中国の百貨店業態の発展を促した。進出した企業は世界的なレベルでみると、決して大手企業ではなかったが、ブランドを打ち出した百貨店や最先端の経営管理方式などまでは中国市場に導入されていなかった。こうした状況の中では中国の百貨店業界の成長は先進国より遅れていた。そして、店舗展開のスピードが比較的に遅かった。最初の出店ブーム以降、百貨店業界では競争が激しくなりつつあり、政府の規制も多く、外資の百貨店業態の参入が低迷していた。近年、特に WTO 加盟以降、経済発展と規制緩和によって、百貨店業態の展開は徐々に活発化し、

図表6-6　各業態の店舗推移

業態	2007年	2008年	2009年	2010年	2011年
SM	27,145	30,240	33,224	32,818	38,554
DP	3,674	3,805	5,304	4,239	4,826
GMS	7,332	8,072	2,493	6,322	2,542
SS	13,047	14,651	24,075	27,641	31,768
WHC	324	331	179	272	265
CVS	13,912	16,196	15,779	14,202	13,609
HC	93	116	102	108	116
DS	628	784	859	701	948

出所：中国国家統計局『中国統計年鑑』(2007-2013) より作成

図表6-7　各業態の展開概況（2011年）

業態	企業数	総店舗数	総従業員（万人）	売場面積（万平米）	売上高（億元）
SM	408	38,554	59.0	2,190.9	3,398.2
DP	94	4,826	26.5	1,722.3	3,226.8
GMS	132	2,542	33.3	1,760.6	2,594.5
SS	256	31,768	16.7	366.7	1,031.0
WHC	6	265	5.9	234.2	795.7
CVS	83	13,609	7.1	109.7	226.0
HC	15	116	0.8	60.8	64.7
DS	4	948	0.8	26.9	47.6

出所：中国国家統計局『中国統計年鑑2012』より作成

世界中から有名かつ高級な百貨店が中国に参入するようになり、繁栄の時代を迎えている。

3-2　総合スーパー、スーパーマーケット

　中国の小売業界には、世界的な規模で発展する外資系大手の総合スーパー、スーパーマーケット企業が集まっている。進出当時から急速に展開し、近年M&Aを繰り返して行ってきた。例えば、2007年ウォルマートはトラストマートを買収し、2008年ロッテマートはマクロを買収した。この2つの業態は主に沿岸部の各都市において展開してきたが、近年、内陸部、また西北部にも数多く展開されるようになった。

　外資系小売企業の中国参入によって、総合スーパー、スーパーマーケットという2業態は主要業態へと発展していった。国際市場においては、総合スーパー、スーパーマーケット業態が多く展開され、数多くの国・地域で成功を収め、外資系小売企業は中国市場に参入する際、巨大な資本力をベースに、効率性の高い物流システム、情報技術手段及び先進的な小売ノウハウなどを採用し、優位性を発揮し、これらの業態を発展させてきた。今後、内陸部・西北部においては、所得水準の上昇と生活スタイルの変化によって総合スーパー、スーパーマーケット業態の成長性が高まっていくと考えられる。

3-3　専門店

　中国における専門店は様々なジャンルで展開されてきており、例えば、ブランドショップ、各種衣料品店、スポーツ用品店、骨董品店、コレクションショップ、ドラックストアなどである。中国市場において、高級ブランドショップのような専門店に限らず、中間層の拡大とともに、消費者ニーズやライフスタイルの個性化や多様化を背景に、日常生活用品を対象とした専門店の発展も目立つようになった。この中で、最も展開しているのは香港系企業のワトソンである。現在、ドラックストア業態として、すでに中国の100都市以上に約700店舗を展開し、同業態ではトップシェアを獲得している。

3-4　コンビニエンスストア

　1992年10月、セブンイレブン（香港系）は初めて中国に進出し、深圳に拠点を置き、従来の「夫妻店・パパママストア」と異なる業態を中国市場にもたらしてきた。コンビニエンスストア業態は中国で迅速に展開され、激しい競争を

繰り返していた。総合スーパー、スーパーマーケットは主に外資系と国内企業間の競争であるが、コンビニエンスストアは国内企業間の競争が中心となっている。開業投資の高額化、売上高の低迷、平均粗利益の低下などの現状により、本土コンビニエンスストア業態は迅速に展開してきたが、全業態の規模からみるとほぼ赤字で経営されており、店舗数のランキングでは上位を占めているものの、経営スタイルや商品ラインナップが時代遅れであるなどと指摘されている。数多くの企業が大手企業にM&Aされ、展開スピードは大幅に減速した。現在、中国市場においては、百聯傘下グループの「快客」が代表企業であり、高級志向の店舗をテスト出店している。

また、WTO加盟以降、外資系企業はコンビニエンスストア業態に力を入れ、今後国際レベルの競争が本格的に行われることが考えられる。

3-5 ショッピングセンター

中国で展開されるショッピングセンター企業の状況からみると、外資系ショッピングセンターは適応段階で事業展開を行い、今後迅速に拡大する態勢が見られる。2004年2月、商務部は率先的にショッピングセンター業態の研究調査を行いはじめた。外資によるショッピングセンターの展開は萌芽期から成長期へ転換している。国内小売企業が事業多角化している中で、業態選択としてはショッピングセンターに投資する企業が増えている。

3-6 ホームセンター

流通業が開放されて以来、イケア、OBI、B&Qなどのホームセンターは中国に進出し、急速に発展してきた。WTO加盟以降、ルロワ・メルラン、特力屋、ザ・ホーム・デポなどの参入により、ホームセンター業態には爆発的な成長がうかがえる。特に2006年にザ・ホーム・デポは地元ホームセンター企業「家世界」の12店舗を買収し、大きな利益をもたらした。

3-7 会員制ホールセールクラブ

1960年代にヨーロッパで生まれた会員制ホールセールクラブは70年代に欧米で展開した。先進国・地域の会員制ホールセールクラブの発展状況から分析す

ると、都市郊外化、衛星化及び自家用車の普及は会員制ホールセールクラブの発展に欠かせない条件である。中国市場においては、まだ会員制ホールセールクラブの発展条件が整わず、店舗成長率が低下し、展開は他業態と比べ、相対的に鈍化している[10]。

4．まとめ

　本章においては、業態の多様化を主軸に外資系小売企業と国内小売企業の状況を検討してきた。外資系小売企業の参入によって、先進的な小売技術や新業態のコンセプトが導入され、そのことを通して国内小売企業が外資系小売業の影響を受け、新業態、経営技術、人材育成、専門知識など近代的な経営方法を学習し、既存業態をベースに、企業の再建や業態の多様化に取り組み、外資小売企業に対抗しようと競争力を高めてきた。

　このように、外資系小売企業の参入は、中国の消費市場に大きな利便性や効率性を提供しただけでなく、中国の国内小売企業の近代化や改革にも多大な役割を発揮してきたことが確認できる。本章で強調できる点は、外資系小売企業の果敢な投資行動と最新の経営技術の移転が中国の国内小売企業に与えた影響の重要性に加えて、国内外の小売企業が中国市場において、政府の行政介入と消費者ニーズの多様化それに小売企業間競争の激化の要因の相互作用関係を背景に、小売業態の発展と業態多様化を推進してきた実態を明らかにしてきたことである。

1）大潤発は1996年に設立された小売事業者で、台湾潤泰グループ傘下の企業である。1997年中国本土で「上海大潤発有限公司」を設立し、台湾での経験を活かし、中国各都市において迅速に店舗展開をしており、進出してからの十数年で中国市場における有力な店舗網を構築している。また、2001年、大潤発はフランスの小売企業—オーシャン（Auchan）グループと提携し、フランス、ルクセンブルク、スペイン、ポルトガル、イタリア、ポーランド、ハンガリー、ロシア、モロッコ、中国本土等に支社を設立した。
2）楊陽（2011）「グローバルリテーラーの海外進出戦略に関する研究—カルフールとイオンの中国進出戦略の事例分析を中心として—」『専修社会科学論集』専修大学　P. 98。

3）馮睿（2011）『外資小売業の中国市場参入―新興市場における小売国際化プロセスの展開』三恵社　PP. 42-65。
4）胡欣欣（2003）「中国小売業の近代化と外資参入動向」矢作敏行（編）『中国・アジアの小売業革新』日本経済新聞社　P. 31。
5）三大経済圏は北京、天津を中心とする環渤海経済圏、上海を中心とする長江デルタ経済圏、広州を中心とする珠江デルタ経済圏を指す。
6）矢作敏行（2009）「外資参入動向と現地市場へのインパクト」矢作敏行、関根孝、鍾淑玲、畢滔滔『発展する中国の流通』白桃書房　P. 57。
7）胡欣欣（2003）前掲書　P. 35。
8）中国においては、主にファストフードの飲食専門店を経営している。
9）胡欣欣（2003）前掲書　P. 35-36。
10）李飛等（2009）『中国小売業対外開放研究』経済科学出版社　PP. 74-77。

第7章　中国市場に参入する小売企業の展開と現状

1．中国市場における小売企業の発展状況

　中国市場においては、小売企業間の熾烈な競争が繰り広げられている。1992年の経済改革・開放政策の実施により、外資系小売企業は中国市場への参入規制が緩和され、特に1995年フランスのカルフールが中国市場の進出を契機に、本格的に進出を果たした。2001年の中国のWTO加盟に伴い、参入規制が大幅に緩和され、外資系小売企業がさらに出店スピードを加速した。

　また、WTO加盟をきっかけに、国内小売企業は外資系小売企業の刺激を受け、転換期を迎えるようになった。外資系小売企業に対抗できる規模の構築が課題となり、同時に国内小売企業としての質の向上を実現するために、政府主導により国有企業間のM&Aが積極的に行われ、グループ化されるようになった。国有のみならず、民営小売企業も特定地域において、特化した業態をドミナント戦略で展開する事例もよく見られるようになった。

　中国チェーン経営協会が2013年に発表した中国上位小売企業100社のランキングからみると（巻末付録3を参照）、上位100の中で、外資系小売企業は19社ランクインし、他の81社は国有小売企業と民営小売企業で占められている。総合スーパーおよびスーパーマーケットを主要業態に展開する百聯集団の聯華超

市、華潤万家は国内資本であり、食品・日用品などを主要な品揃えとする業態の中で上位を占めている。また台湾資本の大潤発、アメリカのウォルマート、フランスのカルフールは海外資本として上位10位以内にある。さらに、福建省を拠点とする永輝超市、北京を拠点とする物美のような国内小売企業に続いて、メトロ、テスコ、ロッテマートなどのような外資系小売企業がひしめいている。日系小売企業としてランクインしているのは62位のイオンと65位のイトーヨーカ堂である。

上位100社においては、外資系小売企業の売上高は総売上高の24.8%も占めており、2011年の23.7%より上昇している。国内小売企業は総合スーパー、スーパーマーケット、百貨店を中心に展開しているのに対して、外資系小売企業の多くは総合スーパーを主要業態に展開している。

また国内外小売企業を問わず、多くの企業が積極的に複数業態への出店を行うようになっている。例えば、百聯集団の傘下企業は総合スーパー、スーパーマーケット、百貨店、ショッピングセンター、コンビニエンスストアなどを中心に展開しており、ウォルマートはスーパーセンター、サムズクラブを主要業態に展開している。

本章では、小売多業態化を推進してきた小売企業という視点から5社を取り上げ、百聯集団、カルフール、イオン、平和堂、ラオックスの事例について順次分析する。

まず、国内小売企業と国の流通政策との関係について、国内小売企業の代表例として百聯集団を取り上げる。国内小売企業の競争力を高め、外資系小売企業に対抗できるようになるため、政府主導によってM&Aを行い、百聯集団は設立された。巨大な規模を持ち、現在、百聯集団は中国市場において、多業態で展開する小売企業のトップであり、国有企業の代表例でもある。

カルフールは欧米外資では比較的早く中国市場に進出し、ハイパーマーケットの全国展開を行い、それまで総合スーパーといえる業態がなかった国に、それを普及させる大きな役割を果たし、カルフールが中国における総合スーパーのデファクトスタンダード（業界標準）となった。現在中国市場では多業態で展開している。

日系企業イオンは、中国本土に進出する時期がカルフールと同じく、開放政

策の直後であった。1992年に国務院より上海、青島の両市におけるジャスコ（現イオン）の合弁企業を設立する許可を獲得した。カルフールの全国出店と対照的に、イオンはドミナント戦略で段階的に地域別に各業態を導入し、一業態で全国制覇するのではなく、地域別に業態を導入し、全国における企業の規模を拡大させ、販売ネットワークを構築する成功例の一つになっている。

　また、日系企業の平和堂は中国の地方政府（湖南省政府）の要請に応じて進出が始まり、進出当初は母国市場で成功したモデル（総合スーパー業態）を中国市場に導入する意図を持ちながら、実際の参入に際しては現地市場への適応を重視して総合スーパー業態から百貨店業態に転換した。

　日系家電量販店であったラオックスは2009年8月に中国家電量販の最大手である蘇寧雲商集団股份有限公司[1]に買収され、傘下企業となった。その後、蘇寧雲商集団の力を借り、日本国内での業態転換を積極的に行いながら、中国進出を果している。

2．百聯集団

2-1　百聯集団の概況

　すでに指摘したように、百聯集団は国内小売企業の競争力を高め、外資系小売企業に対抗できるようになるため、上海市政府の主導により、2003年4月に、上海市にある3大企業（一百集団、華聯集団、友誼集団）と大手商社（物資集団）との合併により実現した中国最大の流通産業グループである。2012年末現在、年間1220億元の売上高を誇り、中国全土においては5147店舗を有している。

　このような巨大規模のグループを作り上げた背景には、大手国有企業間の激しい競争により利益率が低下し、各企業の規模拡大のために資金調達が必要であった。また、WTO加盟に伴う市場開放で外資系小売企業との熾烈な競争を強いられていた。収益力を改善し、また巨大な外資系小売企業に対抗できる国有小売企業を育成するという政府の方針があった。合併して以来、再編とM&Aを繰り返し、中国の国有小売企業改革のモデル企業となっている。また、近年中間所得層の増加につれ、国内企業であるため、消費市場のニーズをすばやく把握できる優位性を持ち、現地に適合する業態開発の能力を活かし、合併時

の業態をベースに、新たにショッピングセンター業態を作り出した。現在百聯集団は、DP、総合スーパー、スーパーマーケット、ショッピングセンター、コンビニエンスストアなど、多業態で展開されている。

　百聯集団は経営戦略として、合併し多業態で展開することにより、大規模な小売グループが形成され、収益力を向上させ、競争力を高めた。また、スーパーマーケット、百貨店、ショッピングセンター、専門店、製造業、物流、不動産、総合など8事業部門を設立し、「グループ-事業部門-子会社」の管理システムの構築を実現した。しかし、グループ化された各企業が展開している小売活動や業態についてはそれぞれの役割分担が不明確であり、しかも重複された部分も多く、実質的な統合が実現していないため、商品の調達や物流などの面では、まだ規模の経済を十分に達成しているとはいいがたい[2]。

　また、組織運営上では、百聯集団は設立する以前から、海外各国のコンサルティング会社に顧問を委託し、M&Aを行う際に必要な知識、合併後の企業経営、店舗運営、先進的な小売技術、また業態開発などについて、積極的に海外の知識を学び、吸収力を高めてきた[3]。

2-2　傘下企業の代表—聯華超市

　百聯集団の傘下には60社以上の企業が存在しており、その中では代表的な小売企業は聯華超市であり、売上高が百聯集団の54%も占めている。

　聯華超市は1991年、上海を拠点に業務展開を始め、2012年末まで、中国本土の19の省において、総合スーパー（店名：世紀聯華）、スーパーマーケット（店名：聯華超市、華聯超市）、コンビニエンスストア（店名：快客便利）業態を中心に、4698店舗を展開している（図表7-1を参照）。また売上構成から見ると、総合スーパー業態の売上高は半数以上を占めており、聯華超市の主要業態である（図表7-2を参照）。

　聯華超市は上海から発足した小売企業であり、上海ではスーパーマーケット1600店舗、総合スーパー40店舗、コンビニエンスストア1262店舗を有している。他の地域において、規模を拡大しているが、上海を中心としたドミナント戦略をとってきた。

　国有小売企業であるため、立地選択としては外資系小売企業より優先され、

図表 7-1　聯華超市の業態別店舗数

	GMS	SM	CVS	合計
直営	157	653	984	1794
フランチャイズ	—	1857	1047	2904
合計	157	2510	2031	4698

出所：聯華超市アニュアルレポート2012年より作成。

図表 7-2　聯華超市の業態別の売上構成

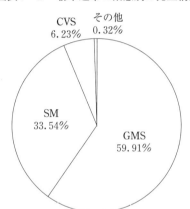

出所：『聯華超市アニュアルレポート2012年』より作成。

良い場所の出店が実現しやすく、現地の経済状況に合わせ、政府の指導を受けながら出店行動を行っている[4]。特にショッピングカード（プリペイドカード）は、聯華超市が地域政府との密接な関係の下で発行されている。このショッピングカードは、現地の行政機関、国有企業、民間企業において、福利厚生として従業員に配られ、またギフトに利用される割合も高くなっている[5]。

　聯華超市は百聯集団の傘下に属して以来、百聯集団の経営戦略に従い、グループ内の再編成を継続的に行ってきた。主として、商品管理システム、小売業態同士の合併、また物流配送システムなどの再編成により組織の競争力を高めてきた。また、グループ内資源の再編成により、商品の品揃えから販売価格まで他社と差別を図り、メンバーズカードを発行し、企業ブランドの知名度やロ

イヤルティを高めている。さらに、聯華超市は日々拡大していくインターネットショッピング利用の消費層を獲得するため、浙江地域においてネットショッピング業態を開発した。

国内企業なので、聯華超市は市場構成、カルチャー、また習慣などを把握しており、外資系小売企業より消費者ニーズの対応がしやすいと考えられる。

百聯集団としては、このような有力な小売企業が傘下グループに属し、多業態で展開する小売企業がまだ多数傘下にあり、膨大な規模と資本力の支えのともで、百聯集団はさらに多様な業態を展開し、中国市場での拡大を図っていくであろう。

3．カルフール

3-1　カルフールの概況

流通業界において、カルフールは世界の小売業の近代化に貢献してきた。世界初の百貨店―ボン・マルシェは1852年にフランスの土壌で誕生した。また、流通業界の革新と言われたハイパーマーケットも1960年代にカルフールによってフランスで生み出され、その業態は現在世界中に拡がっている。

カルフール[6]は、1959年に創業し、1963年にパリ郊外のサント・ジュヌヴィエーヴ・デ・ボア（SAINTEGENEVIEVE DES BOIS）で開店され、業態導入後、即座に成功を勝ち取った。豊富な品揃え、売場重視、低コスト、地方分権制などをベースにし、ハイパーマーケットを主要業態として、好調な発展を続けてきた。カルフールは事業の多角化を図り、プライベートブランドを開発し、他社との合併と買収を行うことで、急速な拡張を成し遂げた。

カルフールは現在全世界33ヶ国において、ハイパーマーケット、スーパーマーケット、コンビニエンスストア、キャッシュ＆キャリーストア業態を展開しており、2012年末まで9994店舗を有し、米国のウォルマートに次ぎ、1999年から売上高で小売業界、世界第2位、ヨーロッパ第1位となっている。

3-2　中国市場への進出経緯

カルフールは、1989年台湾の出店を皮切りに、アジアへの進出が始まった。

中国と同じ文化圏の台湾で店舗運営し、ノウハウを蓄積してきた。1995年当時、中国政府が外資企業の独資投資を認可していないため、カルフールは台湾での現地パートナーである「統一グループ」を中国本土進出の戦略パートナーとし、北京現地の会社と合弁会社を立ち上げ、中国進出が本格的に始まった。2001年WTOに加盟するまで、カルフール、統一グループ、中国現地パートナーという「三人四脚型」の出店パターンで推進された。

　カルフールの参入方法は中国の経済成長の段階に合わせて行われてきた。具体的には、参入当時、中国経済はまだ厳しい外資参入規制を設置しており、「漸進的開放」段階にあった。カルフールは中国中央政府から出店許可を獲得するために、規制対象外の「マネジメント・カンパニー」（現地管理会社）方式による出店を考え出した。すなわち、規制によって外国籍小売企業は中国の小売業界への参入が禁じられたため、中国側出資者と合弁会社方式で「マネジメント・カンパニー」を設立し、現地法人として登録する方式である。1993年、カルフールは北京現地でヤオハンの元パートナーであった中国新技術投資創業公司と共同出資で、「家創商業管理公司」というマネジメント・カンパニーを立ち上げ、1995年に、「家楽福・創益佳商城」（カルフール）の第1号店をオープンした。そして、店の経営は実質的にはカルフールの現地管理会社の「家創」に委託され、運営している[7]。

　2001年12月に、中国のWTO加盟をきっかけに出店制限が解除され、まもなくカルフールは中国企業の既存店を買収する方式を試みた。2002年8月、天津市の有力小売業である「勧業集団」が所有する4店舗の大型スーパーマーケットがカルフールに吸収されたことで、事実上の「M&A」方式による拡張戦略であった。2012年度の売上高は約452億元に達し、売上高第10位の小売企業として中国市場で展開している。

3-3　中国での事業展開

　カルフールは中国に進出当初からあらゆる手段を駆使して、様々な参入方式により短期間で各都市において、猛烈なスピードで出店し、規模の経済性を図ることにより、全体の収益を上げる経営戦略を採用してきた。

　中国の多くの地域において、カルフールはその地域市場に最初の外資系ハイ

パーマーケットとして参入し、先発者優位を獲得している。例えば、成都、長春、南京、天津、青島などの都市である。大型店舗業態の高い潜在成長力を持つ市場に早期進出し、そこで高い市場シェアを確保することによって、先発者利益をねらう戦略はカルフールが1970年代以降に国際化を展開したときからの基本的な戦略パターンである。

　カルフールは中国市場の潜在的な需要を見抜き、これから成長が期待できる市場を標的にし、ハイパーマーケットという業態を中国市場に導入した最初の外資系企業である。カルフールの進出以前では、多くの外資系小売企業、特に華人・華僑資本の小売企業は中国市場の高所得層をねらったニッチ型の専門店や百貨店の展開がほとんどであった。カルフール自体もその小売業態として、ハイパーマーケット以外に、食品スーパー、ハードディスカウントストア、コンビニエンスストアなどを持っているが、中国市場に導入した業態は最も店舗規模の大きいハイパーマーケットであった。中国の消費革命は特に大都市、沿岸部都市で著しく進行していたが、ハイパーマーケットが成長したヨーロッパの消費市場とは大きく異なっていた。都市部での人口の郊外化は先進国ほど進まず、マイカーの普及率も低かった。大量購買を支えるこれらの消費市場は、これらの沿海部の都市ですら、まだ先進国並みには発展していなかったのである。しかし、カルフールは、そのままのハイパーマーケットを中国に導入した。中国政府による誘致という理由にとどまらず、その背後には、カルフールの戦略構想があった。カルフールは他企業に先駆け、中国における大衆消費社会の到来や中間所得層の増加の兆しを鋭敏にかぎ分け、北京や上海の沿海部大都市に先発者として出店した[8]。さらに、経済発展が相対的に遅れていた内陸の地方中核都市にまで積極的に出店し、先行投資を試みたのである[9]。2013年6月現在、73都市でハイパーマーケット227店舗を展開している（図表7-3を参照）。

　カルフールは進出当初から2001年まで、母国で成功したハイパーマーケット業態を中国に持ち込み、急速に店舗展開し、中国市場に根を広げてきた。中国のWTO加盟により、外資参入の規制が緩和され、消費者ニーズに適応するために、カルフールは多業態展開に踏み切った。

　これまで、都市においては、中間所得層や高所得層をターゲットにしてきたが、都市間の人口移動や農民工の増加などによって、消費者ニーズの多様化が

図表7-3　ハイパーマーケット業態の出店地域と店舗数

上海	24	北京	18	深圳	8	瀋陽	10	ハルビン	7
天津	5	武漢	7	広州	5	成都	13	昆明	8
重慶	6	南京	5	無錫	4	大連	3	鄭州	3
ウルムチ	3	蘇州	8	寧波	3	合肥	4	長沙	3
東莞	5	杭州	3	青島	3	長春	2	海口	3
福州	2	徐州	1	焦作	1	済南	1	珠海	2
鞍山	1	牡丹江	1	南充	1	莆田	1	西安	1
廊坊	1	連雲港	1	遼陽	1	溧陽	1	洛陽	1
アモイ	2	株洲	1	紹興	1	洛陽	1	南通	1
亳州	1	盖州	1	貴陽	1	淮南	1	恵州	1
馬鞍山	1	仏山	1	蚌埠	1	牡丹江	1	南昌	2
新郷	1	塩城	1	営口	1	肇東	1	株洲	1
太原	2	秦州	1	唐山	1	無錫	6	孝感	1
寧波	3	曲靖	1	石家庄	2	遂寧	1	宿州	1
江陰	1	嘉興	1	資陽	1	出店地域	73	店舗合計	227

出所：カルフール・ホームページより作成　2013/06/20

進み、低所得層のニーズに対応するため、2003年にグループ傘下のDia％ディスカウントストア業態を北京市場に導入した。現在、北京と上海を拠点に、直営店舗とフランチャイズを同時に展開させることで、規模を拡大し続け、2012年末まで316店舗を展開している（図表7-4を参照）。

翌年の2004年にスーパーマーケット業態のChampionが北京で開業し、2008年まで40～50店舗を展開し、物流センターを設立する予定であったが、進出先でのリサーチ不足やカルフールの物流システムを有効に活用できず、また消費需要のニーズを十分に満たさなかったなどの原因で、2006年にスーパーマーケット業態から撤退させた。カルフールが市場に適合せず、採算の取れない業態をすばやく市場から撤退させる戦略を取ったのは、損失を回避する優れた能力を持っていたといえる。

図表7-4　カルフール各業態の店舗推移（1995～2012年）

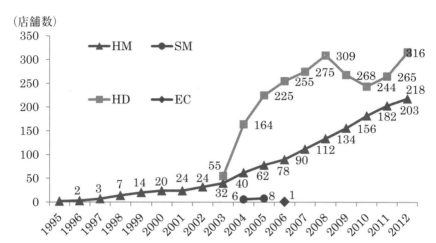

出所：カルフール・アニュアルレポート各年度より作成

　中国の消費者は日々成長し、購買行動が変化しつつあり、消費規模も拡大している。インターネットの普及につれ、ネットショップが急速にシェアを拡大し、リアル店舗との異業態間競争が激化している。2006年9月から、カルフールは中国市場でネットスーパーを始め、現在、中国の通販サイトと組み、新たな業態として商品を提供しようとしている。また、2010年1月に、カルフールは成都で当社最大規模の売り場を設立した。名目上では総合スーパー業態であるが、4階立てのビルで、約2万平米の売り場面積を有し、ショッピング、飲食、娯楽、レジャーなどを一体化しているショッピングセンターの店づくりであった。これがカルフールのショッピングセンター展開に関する実験といえる。現在、中国ではハイパーマーケットを主力業態として、ディスカウントストア(Dia%)[10]、ネットショッピングを展開している。

　カルフールが中国本土で迅速に店舗展開できたのは、その店舗運営に関する分権的な管理システムによるところが大きい。

　企業の経営戦略として、カルフールは中国に進出当時、中国各地で地方政府との緊密な関係を構築することで合弁会社を立ち上げ、同時分散的に出店を行っていたため、集権的に管理するのは困難であると判断し、分権的な管理シ

ステム[11]を導入した。

　本部が地域と店舗に大きな自由裁量権を与え、各地域の店舗運営を店長に任せたことはこうした分権管理の大きな特徴である。権限を持たされた店長は、商品構成、売場設計、販促活動、価格設定といった店舗管理の業務のみならず、人事、資産運営などの面においても、絶大な意思決定の権限を持っている。また、カルフールの各店舗はそれぞれ独立採算をとる組織であり、その一方、中国本部と地域本部は政策や方針の設定、アドバイスをするコンサルティング・センターのような存在である。

　中国の複雑な地域特性に適合した柔軟な店舗運営体制を作り、地域の消費者ニーズに的確に対応することは、こうした分権的体制が最大の利点である。

　また、マーチャンダイジングと物流戦略の面においては、カルフールは中国に進出した初期、中国の物流システムがまだ形成期にあり、インフラは完全に整わない時期に、そして、カルフールは中国各地で分散的に出店し、密度のある販売網を形成しなかったため、主に現地で商品の調達を行っていた。こうした状況で、カルフールは商品調達の権限を店長に任せていた。このような分散的な商品調達方法は現地ニーズに適応しやすくなるが、小規模の調達に伴うコストアップが生じていた。

　カルフールの規模拡大により、大規模な販売網が形成され始めた。2000年から、カルフールは商品調達を中国本部と地域本部に集中させ、仕入れに関する交渉、契約の締結と更新、決済といった一連の業務をすべて店舗から本部の商品部へ移管させた。こうした集中管理により、仕入れや管理コストを大きく削減することができた[12]。

　一方、商品調達を支える流通システムについて、カルフールは完備されたサプライヤー管理システムを持っている。しかも、強力なコンピュータ・システムが物流コントロールの支えになっている。注文管理、自動補充、検品、返品、在庫調整、棚卸検索、報告、商品の店舗内移転、商品の部門間移転などの重要機能が揃っている情報システムにより経営分析を行い、業績の向上に役立っている。

　集中管理による大量仕入れというバイイングパワーを用いて、カルフールはサプライヤー、特に製造メーカーに委託し、傘下のディスカウントストアDia

%の PB 商品を製造させた。それにより、企業内部のシナジー効果を求め、ハイパーマーケットの価格政策での優位性のみならず、多業態で展開する戦略を維持してきた。

　また、組織面で、カルフールは近年、小売人材の育成を加速している。カルフールは中国での飛躍的発展を維持できたのは現地化した人材養成戦略にある。カルフール（中国）育成センターは2000年に設立され、以来多くの管理職を養成しており、内部従業員に専門的な技能訓練と昇進のチャンスを提供することを目的としている。2012年だけでも2100人のカルフール従業員が昇進を実現し、センター内では570人の従業員が講師資格を取得している。2012年、カルフール（中国）の人材育成時間数は220万時間に達し、研修を受けた従業員が中国各地の店舗で活躍している。今後も積極的な人材養成戦略[13]を実施し、内部従業員の育成と昇進を下支えし、中国での小売人材育成を促進する方針である。

4．イオン

4-1　イオンの概況

　イオンのルーツの一つ岡田屋は初代岡田惣左衛門により、太物・小間物商を1758年に三重県四日市で創業し、屋号は篠原屋である。約250年以上の歴史を持つ企業である[14]。

　1962年に岡田屋はスーパー業態に転換し、1969年2月に、3社[15]の共同出資で共同仕入れ機構「ジャスコ（JUSCO）株式会社」を設立した。2001年8月にジャスコ株式会社がイオン（ÆON）株式会社へ社名変更し、グループ名も「イオングループ」から「イオン」へ改称して、グループの結束を全面に打ち出した。

　現在、純粋持ち株会社体制によって、グループマネジメントと事業を分離してグループを統制する体制が確立しており、そこでは総合スーパーを核店舗に多彩な専門店で構成される広域商圏対応のモール型ショッピングセンターや、専門店・サービス機能等を揃えた小商圏対応型ショッピングセンターなど、地域の特性に合わせたショッピングセンターを展開している。また食料品を中心に品揃えするスーパーマーケットは、地域に精通した企業による経営で、北海

図表7-5　各業態の店舗数統計（2013年2月まで）

業態項目	合計	日本
GMS	598	537
SM	1,708	1,627
DS	152	130
HC	123	123
CVS	4,463	2,168
SS	3,664	3,609
DgS	3,146	3,146
その他	586	560
合計	14,440	11,900

出所：イオングループ案内資料より

道から沖縄まで日本国内はもとより、タイ、マレーシア、中国など14ヶ国に広がっている。

2013年2月現在、イオンは連結営業収益が5兆6853億円に達しており、総売上高が世界小売ランキングにおいて第13位となっている。現在、14ヶ国で、総合スーパー業態合計598店舗、スーパーマーケット業態1708店舗、コンビニエンスストア業態4463店舗を運営している（図表7-5を参照）。

4-2　中国進出の経緯

イオンの中国本土に進出する時期はカルフールと同じく、中国経済の「漸進的な開放」段階であった。1992年に国務院より上海、青島の両市におけるジャスコ（現イオン）の合弁企業を設立する許可を獲得した。

1985年に香港で100%子会社イオンストアーズ・香港（旧ジャスコストアーズ・香港）を設立した。その10年後の1995年12月、イオンストアーズ・香港は中国企業の広東天貿百貨有限公司と合弁で、「広東吉之島天貿百貨有限公司」[16]を設立し、中国広東省で総合大型スーパーを展開することになった。1996年6月、イオンは中国3大都市圏の1つ、広州市の中心街・天河地区に中国本土1

号店の GMS「吉之島天河城店」（売場面積約7800㎡）をオープンした。

また、1996年3月、ジャスコは青島市供銷合作聯合社との共同出資により「青島東泰佳世客有限公司」[17]を設立し、1998年1月に、青島市の副都心として大規模な開発が進む「東部開発区」に、中国では初めての本格的な郊外型ショッピングセンターをオープンした[18]。

2004年に中国—香港間の経済緊密化協定などにより、イオンチャイナはイオンストアーズ（香港）の子会社として深圳で設立された。

2006年5月には、中国での出店を加速するために、中国代表処を設置し、北京にその拠点をおいた。2007年11月に、北京イオンはイオン株式会社の子会社として設立され、中心部から北に車で40分程度の場所に「イオン北京国際商城ショッピングセンター」をオープンした[19]。

また2009年1月に、イオン・ミニストップは青島において、青島イオン東泰と提携し、青島ミニストップ会社を設立し、青島ミニストップの直営店の出店及び運営、現地フランチャイズ店の募集・指導などを手掛けている。

以上がイオンの中国本土への参入状況である。現在、中国においてイオンは山東省、広東省、北京、天津、香港を拠点に、総合スーパー、スーパーマーケット、コンビニエンスストア、専門店、ショッピングセンターなどの業態を展開しており、今後、既存の事業展開エリアでの事業基盤の強化に加え、新たに江蘇省や湖北省においてスーパーマーケット業態やディベロッパー事業等の事業展開に向けた準備を進めている。

イオンの中国本土の参入方式は参入当初、中国の外資参入規制に従い、各地において現地パートナー合弁方式で事業を展開してきた。WTO加盟後、外資投資に関する規制が緩和され、イオンは独資展開の道を歩み始めた。

4-3 中国での事業展開

図表7-6で示すように、中国市場においては、イオンの経営戦略としてはドミナント戦略を採用し、地域ごとに異なる業態を主力にしている。例えば、コンビニエンスストア業態は山東省を拠点に、総合スーパー業態は広東省を拠点に、北京・天津においてはショッピングセンターや専門店を中心に展開している。このような出店戦略は日本で確立した事業モデルを中国に移転し、中国

図表7－6　各地域における各業態の展開状況（2013年6月末）

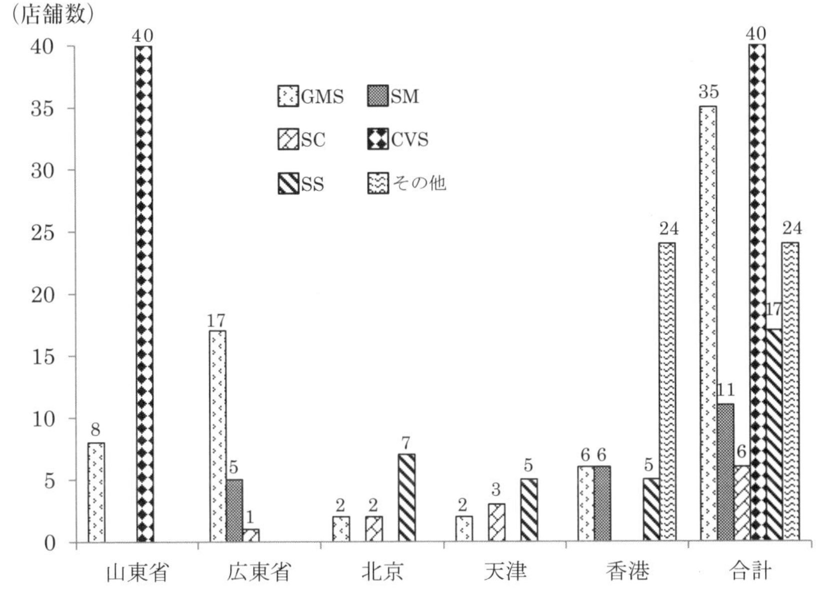
（店舗数）
40
35
30
25
20
15
10
5
0
GMS
SM
SC
CVS
SS
その他
山東省
広東省
北京
天津
香港
合計
8
40
17
5
1
2
2
7
2
3
5
6
6
5
24
35
11
6
40
17
24

出所：イオングループ案内資料より

の消費市場の特性に応じ、典型的な「部分適応」の現地化戦略を採っている。

1995年、イオンは中国に進出した当時、消費意欲が旺盛な広東省において最初の出店を行っていた。広東省は中国経済改革・開放政策を実施する重要なテスト地域であり、香港に隣接した関係で貿易関係が盛んで、1990年代後半に中間所得層が急速に増加し、消費規模が他の地域と比べ、比較的大きかった。イオンは広東省の消費水準に合わせ、母国で経営ノウハウの豊富な総合スーパー業態を導入した。当時、ウォルマートも広東省を拠点に急速に規模を拡大する傾向があり、企業間の競争が厳しい状況にあった。また翌年、出店許可のある青島においては、イオンは都市開発計画を参考にし、商圏の広い郊外において出店を行い始めた。

WTO加盟により、出資規制がなくなり、イオンは中国への業態導入を積極的に行うようになっている。近年、都市部において自動車の普及で、消費者ニーズがさらに多様化・個性化するようになってきた。市場競争の激しい広東省

と比べ、北京、天津のような直轄市においては、消費者の所得が増加する一方、都市圏が拡大しつつあり、郊外に住むニューファミリーが増え、新しい商圏が形成されるようになっている。2008年、イオンは新しく開発されたエリアにおいてショッピングセンター業態を本格的に展開し始めた[20]。郊外店舗の経営を通し、中国ショッピングセンター業態に関するノウハウを蓄積し、北京における認知度を高めたうえで、2010年に北京の中心地、また天津に出店している。ショッピングセンター業態成長の影響を受け、イオンは中国市場に衣料品などを品揃えする専門店の導入に力を入れるようになり、母国で蓄積されてきたノウハウ・技術を活かし、中国市場に適合できる業態開発に積極的に取り組んでいる[21]。

　2000年代後半、世界的不況の中、中国の景気後退による個人消費の低迷やイオン本体の業績悪化などを理由に、2009年6月に、イオンは中国での出店投資を抑制し、出店業態を見直しするものの、イオンは「中国が重点地域であることには変わりがない」としており、中長期的な投資方針は変更していない。スーパーの出店をペースダウンさせるが、傘下のコンビニエンスストア「ミニストップ」は今後5年間で200店まで増やす方針であると発表した[22]。

　中国のWTOへの加盟以降、消費者所得の伸びは消費意欲を喚起しており、小売市場の成長を支える原動力となっている。経済水準の向上に伴い増加した中間所得層が求める便利さ、快適さ、衛生面に応え、食料雑貨店の近代化としてのポジションを築いたこと、また、購入した食品を保管しておくという習慣も無かったため、手軽に購買し消費するというスタイルを考慮したうえ、イオンは2009年にすでに総合スーパー業態を展開している山東省の青島にコンビニエンスストア業態「ミニストップ」を導入した。

　現在、イオンは中国市場において、このような多業態で攻略を狙い、中・高所得階層をターゲットとしている。

5．平和堂

5-1　平和堂の概況

　平和堂は日本の近畿地方・北陸地方・東海地方を商圏にしており、総合スー

パーとスーパーマーケットを中心に展開している小売企業である。

1953年12月、平和堂の創始者である夏原平次郎氏により滋賀県彦根市市街の土橋商店街(現在の銀座商店街)でマルビシ百貨店のテナントとして夏原商店(平和堂の前身)が開店され、1957年(昭和32年)に「靴とカバンの店・平和堂」として平和堂を設立した。後に「おしゃれの店・平和堂」として衣料スーパーの出店を行い、セルフサービスを導入した。1963年(昭和36年)に3店舗を統一した大型店舗である「ジュニアデパート平和堂」を発祥地に開店し、実用品から高級品まで扱っており、これ以降に展開される平和堂の基本スタイルとなった。1966年に、「ワンストップショッピング」という概念を導入し、食品売場を設置し、衣料品から雑貨、食品までを販売する総合スーパーの形を構築してきた[23]。

現在、平和堂は日本においてはドミナント戦略を行い、総合スーパー、スーパーマーケット、ショッピングセンターの3業態を展開し、2013年6月末まで滋賀県を中心に、135店舗を展開しており、2012年度グループの売上高は4621億円に達し、日本の小売業売上高ランキングの28位を占め、滋賀県内を中心に周辺地域で消費者に認知される地域密着型出店を重ね、地方大手小売企業の基盤を築いている。

1972年には、シンボルマークのハトに絡め、「奉仕、創造、感謝、友愛、平和」という5つの経営理念を定めている[24]。そこには、創業者夏原平次郎氏の「強いお客様思い」[25]がある。

現在、二代目の社長として夏原平和氏が就任している。創業から現在に至り、平和堂の成長は経営者の意思決定と密接に関連している。創業者主導型の意思決定により、ドミナント戦略で地域密着型のスーパーマーケットと総合スーパーを展開し、また夏原平和氏が就任したあと、東証第1部上場を通して、滋賀県と周辺地域への出店を加速させてきた。

5-2 中国市場への進出経緯

1983年に、滋賀県と中国湖南省が友好協定を結び、二箇所での経済交流が始まった。10年後の1993年には、湖南省政府から「中国人民の生活水準向上のために流通整備が不可欠であり、ぜひ平和堂に省都長沙市へ大型商業施設を作っ

てもらいたい」と強く要請され、平和堂創業者・夏原平次郎会長が1994年に長沙市で現地視察を行った[26]。

当時中国の小売業界は開放され始めた直後であり、国有百貨店・食品店、また自由市場において、サービス精神が欠けており、近代的なサービスノウハウは存在しなかった。夏原平次郎氏は平和堂創業の理念を長沙市に定着させたいという強い意思で、個人所有の株式を担保に、役員全員の反対を押して、中国市場に進出することを決意した。企業経営者としてのリーダーシップを発揮し、中国市場の今後の成長に社運を賭けた。

1994年に省都長沙市に合弁会社を設立し、出店先として、当時高所得層が集まる長沙市の中心街・五一広場の物件に決めた。開店するまでに、平和堂は中国現地の従業員を雇い、積極的に社員研修を行い、日本式の接客サービスや先進的な小売技術などを徹底的に教育し定着させた。1998年に長沙市の中心繁華街・天心区五一広場に湖南平和堂本店を開業した。

同じ時期に日系大手小売企業のイオンは1995年に、イトーヨーカ堂は1996年に中国の進出を果たしたが、進出を決断した企業の状況としては能動的な進出というものではなかっただけに、地方小売業である平和堂にとって中国の展開は大きな挑戦であった。

現在、平和堂は湖北省で初の外資系小売企業として出店を果たし、1998年開業して以来、2013年6月末まで百貨店4店舗を展開しており（図表7-7を参

図表7-7　中国における平和堂の店舗概要

	五一広場店	東塘店	株洲店	奥克斯広場店
開店日	1998/11/8	2007/9/29	2009/9/26	2013/4/28
営業面積	6600㎡	33904㎡	43000㎡	47511㎡
店舗構成	B3-7階	B4-6階	B2-3階	1-6階
出店方式	リース方式	リース方式	リース方式	リース方式
正社員	—	560名	350名	381名
テナント社員	—	1500名	2000名	1150名

注：「—」は現時点で不明であることを指す。
出所：株式会社平和堂ホームページより作成

照)、長沙市のナンバーワン百貨店の地位を確立している。

5-3 中国での事業展開

　平和堂は現在中国で百貨店業態を主軸に事業展開を行っている。すでに述べたように、平和堂は政府の要請に応じ進出が始まり、長沙に進出した当時、五一広場の周辺ではすでに国有・市営の百貨店が何店舗か展開していたが、いずれも体制の古い百貨店経営方式であった。当初の経営戦略としては、母国市場で成功したモデル——総合スーパー業態を中国市場に導入する意向を持ち、売り場の半分以上が直営のスタイルで開業したが、長沙市では総合スーパー業態が珍しく、なじみがなかった。また、当時中国の市場には卸機能はなく、商品調達面で難題が生じ、さらに、消費需要が付加価値の高い商品やサービスを求める傾向が出始めていた。そこで平和堂は、高級感のある日本式サービスを提供することにより、集客力を高め、総合スーパー業態からブランド商品や専門店を集めた百貨店業態に転換した（図表7-8を参照）。日本で「ジュニアデパート平和堂」を展開する際に、専門店の導入やブランド商品の投入などについて蓄積してきた経験が、中国市場での百貨店展開に専門技術の知識の移転として活用されるようになったと考えられる。

　また、2000年に、長沙市でスーパーマーケット業態を展開し始めたが、厳しい価格競争で経営が難しくなり、2003年にスーパーマーケットの店舗は閉店せざるを得なかった。スーパーマーケット業態の失敗により、百貨店を中心に展開する方向がいっそう強められた。

　平和堂は中国市場においては、頻繁に売場を見直し、独自のテナント管理方式を利用し、またカード事業を展開することで、自社の優位性を発揮してきた[27]。

　平和堂はファッションをコンセプトに、多様化・個性化する消費者ニーズ、また熾烈な競争状況に対応するために、主要ターゲットである若い女性向けの商品を中心に、頻繁にテナントの構成や売場の改善を見直す戦略を取っている（図表7-9を参照）。このような改善が受け入れられていく背景には中国の中間所得層が増加し、消費市場が拡大したことによるという指摘もある[28]。

　組織運営上で従業員の定着率が向上し、接客サービスの徹底が図れるようになり、サービスの質の向上と固定費節減も可能となり、有名テナントの入居希

図表7-8 湖南平和堂の百貨店化のプロセス

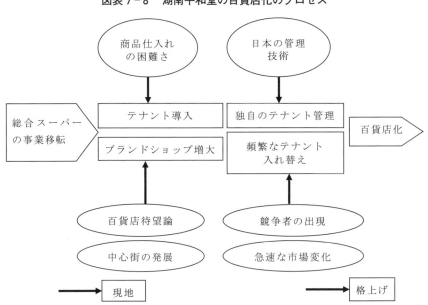

出所：矢作敏行（2011）『日本の優秀小売企業の底力』日本経済新聞出版社　P.339より作成

望を受け、消費者ニーズに応じた店作りが可能となっている。こうしたテナントのマネジメントを中心とする店舗運営形態が定着することにより、テナント管理のノウハウが蓄積され、多店舗展開することと相まって、テナント間の競争の醸成にも繋がっている[29]。人材育成の面からみると、中国で事業展開して以来、日本式のサービスを提供するために、優秀な人材を日本本社に派遣し、短期間の研修を受けさせ、また、日本本社から中国に研修の講師を送り込み、長沙現地で社員教育を行い、専門知識の持つ人材を育成することに力を注いできた[30]。

　さらに、平和堂はポイントカードや自社クレジットカードを発行し、集客力を高めてきた。テナントに対する経営指導・管理等の競争要素によって、平和堂の持続的な競争優位性が保たれている[31]。

図表7-9　平和堂の一号店における売場改善の概要

年度	改善の概要
1999	地下一階の駐輪場約3270平方メートルを売り場に変更。
2001	地下一階に「ESPRIT」の大型売り場を導入すると同時に、女性ブランド商品拡充。
2003	国際ブランド化粧品の拡大や女性ブランド商品の再拡充。「ナイキ」「アディダス」といったスポーツ商品ブランドの大型売り場を導入。
2004	2階後方部分約490平方メートルを売り場に変更し、女性、紳士衣料品を拡充。
2006	3階社員食堂と5階フードコートを売り場に変更。地下1階の食品売り場のレイアウトを変更。
2007	5階展示場を売り場に変更すると同時に、家電売り場を閉鎖。3階紳士服売り場を4階に移動し、3階に婦人衣料を拡大。
2009	1階の玄関と天井の改装と照明のリニューアル。1階の化粧品売り場を拡大し、2階をヤングミセス、3階をヤングにそれぞれ特化し、女性衣料ブランドを強化。地下1階にシンガポール系ベーカリーショップ「ブレッドトーク」導入。

出所：矢作敏行（編）（2011）『日本の優秀小売企業の底力』日本経済新聞出版社　PP. 332-333より作成

6．ラオックス

6-1　ラオックスの概況

　ラオックスは1930年に東京墨田区で創業され、電気器具の行商として事業が始まり、1939年に谷口商店が開店し、ラオックスの源流となった。1948年には谷口商店が谷口電機株式会社に商号を変更し、1963年に千葉店の開店を皮切りに郊外に多店舗展開を開始した。1976年9月に新社名をラオックス株式会社と変更した。その後、コンピュータ専門店である「ザ・コンピュータ館」や総合エンターテインメントショップ「ASOBITCITY」などを開店し、東京証券取引所市場第二部に上場し、販売ネットワークを拡大してきた。

　しかし、1980年代後半から注力したパソコン関連の販売は、2000年代に入り、

業績が落ち込み、大型店舗の出店が失敗に至り、また同業態間の激しい競争に陥り、業績の悪化が続き、経営危機に陥った。

このような状況の中、2009年6月28日に中国家電量販店大手の蘇寧雲商集団はラオックスの第三者割当増資を引き受け、8億円でラオックスの株式27.36%を買収し、筆頭株主となった。買収の目的としては、経営ノウハウの吸収、共同仕入れや売れ筋商品の相互供給による提携強化、人材教育・訓練での提携、またサービス方式、価格戦略、ローコスト運営などの店舗運営ノウハウの吸収にあったと考えられる[32]。また、蘇寧雲商集団の孫為民総裁は、ラオックスの買収について、「これは中国小売企業にとって初の海外進出で、蘇寧電器の国際化戦略にとって初の国際投資だ。ラオックスの買収は単純な投資行為ではなく、その目的は国内経営に対するイノベーション・モデルチェンジの場を提供することだ。日本のデザインや経営方法等を吸収し、中国に導入することができる」と述べている[33]。この買収は、日本の上場小売企業に対する初めての中国企業による買収事業であり、また中国の家電量販店による初めての海外進出という象徴的な意味もある。両社業務の提携を緊密に仲介していたのは当時ラオックスの経営幹部であった羅怡文氏である。

2009年8月に、羅怡文氏は代表取締役社長に就任し、ラオックスが中国人観光客向けの免税店として再建を図ることとなった。現在、ラオックスは蘇寧雲商集団傘下のもとで、国内の店舗事業、中国での店舗事業、蘇寧雲商集団との貿易仲介事業の3つを柱に、経営の立て直しを図っている最中である[34]。また、ラオックスは日本国内において家電量販店と専門店をメイン業態として展開している。

6-2 中国市場への進出経緯

これまで中国での家電市場は日本と異なる商習慣を持っていた。中国の家電小売業は、小売チェーン独特の不動産的経営方式を採用している。小売業者が陳列スペースをメーカーに有料で貸出し、商品代金を後払いにし、販売員がメーカー側で用意するという販売方式をとってきた。外資系小売企業の場合は、先に商品をメーカーから購入した後で販売する方法である。そこで、ベストバイの中国での拡大が遅々として進まなかったのは、これらの中国独特の商習慣

にその一因があると言われてきた。

　日本式販売が浸透していない状況の中で、ラオックスは蘇寧雲商集団の傘下のもと、事業再建の戦略の一環として、2010年5月に中国に現地法人（楽購思上海商貿有限公司）を設立した。このことの持つ意味は、ラオックスが中国市場において、蘇寧雲商集団にとっては家電量販店の業態多様化の担い手になっているということになる。さらには、それに加えて、蘇寧雲商集団にとっては、日本のラオックスが中国人観光客の集客装置という位置づけも与えられている。

　羅怡文氏によると、中国進出の狙いとしては、今後日本への中国人観光客の増加を見通し、観光客を取り込むことを目標にしながら、中国現地での知名度を向上させることである。すなわち、日本ラオックス免税店の集客に貢献することである。また、日本ラオックスで購買した商品のアフターサービスを提供するのも中国店舗の役割であると指摘している[35]。

　2010年6月に、ラオックスは上海で楽器専門1号店「MUSICVOX 遠東店」を新規オープンした。2011年8月に蘇寧雲商集団はラオックスの親会社になり、11月に南京に100％子会社楽購仕（南京）商貿有限公司、楽購仕（南京）商品採購有限公司を設立し、12月に南京市に総合家電量販店「中国南京銀河第1号店」を新規オープンした。2012年上海で総合家電量販店「楽購仕四川北路旗艦店」を開業し、本格的な中国進出を始めた。

　2013年9月現在、ラオックス（家電量販店：楽購仕）は、南京、上海、北京、天津、アモイにおいて合計11店舗を展開している。

　近年、中国の電子商取引が急速に発展し、ラオックス中国は2013年3月に富士通と組み、中国向けのインターネット通信販売事業に参加し、4月1日から本格的に始動した。取扱品目は日本製品が中心で中国市場向けに提供する実店舗とは品揃えの違いを打ち出している。同社が成長の軸と位置付ける中国事業で、収益源の開拓を急いでいる。現在、親会社蘇寧雲商集団のサポートのもとで、ラオックスは販売ネットワークを拡大し、家電量販店と通販を主力業態として展開している。

6-3　中国での事業展開

　ラオックスは経営戦略としては、日本の大型家電量販店を中国で標準化する

のではなく、日本のブランドを扱いながら、日本式の管理方式を運用し、中国現地の事情に合わせた部分適応戦略を行い、店舗作りをしている。中国での出店先としては、各地域の都市発展計画に従い、経済が発達している沿岸部大都市、またマーケットの大きな地方都市、GDP成長率や消費需要の高い地域を選択し、「蘇寧電器」と同じ商圏に出店することもある。ラオックスは中国の富裕層と、これから拡大していく中間所得層をターゲットにしている。また各店舗においては、地域性にあわせ、商品の構成を頻繁に見直し、常に変化し多様化している消費者のニーズに対応している[36]。

ラオックスは蘇寧雲商集団と平行に店舗展開を行い、「蘇寧電器」と「ラオックス[37]」という二つのブランドで、店舗コンセプトを区別しながら事業展開している。

「蘇寧電器」という伝統的な中国式家電量販店とは対照に、ラオックスは日本で蓄積されてきたノウハウ、日本式の管理方式と高水準のサービスを提供しながら、日本からの輸入商品と中国現地のブランドを融合した品揃えをしている、家電を中心に、日本文化に関連する生活用品やアニメ、玩具などのサブカルチャー商品も提供している。ラオックスの商品構成は店舗ごとに異なるが、輸入品の割合は蘇寧電器と比べ圧倒的に高い。例えば、上海四川北路店においては、輸入品は全商品の50％以上を占めており、その中では、日本ラオックスのサプライチェーンを経由し、日本メーカのテレビ、冷蔵庫、カメラ、玩具、アニメの関連商品などの割合は非常に高く、上海市場において、輸入品数の一番豊富な店舗になっている。また、上海現地の他の家電量販店と商品の品揃えで差別化を図っている[38]。

商品調達に関して、輸入品は日本ラオックスを経由し、中国に日本の商品を導入するのに対し、中国国内の商品の調達、物流、アフターサービスなどはすべて蘇寧雲商集団のインフラを利用している[39]。

中国の各店舗においては、店長は商品販促の仕方、品揃え、店舗プロモーションの方法などに関してある程度の裁量権を持っており、来店する顧客の調査や情報のフィードバックも店長の裁量で行っている。

また、社員教育の面から見ると、販売員の研修は店舗内において1ヶ月ごとに行い、蘇寧雲商集団本社での研修は3ヶ月に一回、中間管理層の研修は年二

回、店長の研修は年一回のペースで行われている。このような頻繁な研修によって、社員のモチベーションが高まり、現場で高水準のサービスや商品に関する知識が提供されている。ユニークな事例として、一つ挙げられる。上海地域においては、古い住宅施設はいまだに多数存在しているが、生活水準の上昇により、大型家電の需要も増している。例えば大容量冷蔵庫の需要は増えているが、古い住宅施設において、階段の傾斜が急であり、また狭いままであり、配達と運搬は非常に困難な状況になっている。ラオックスの社員と配達員は顧客の住宅の条件に合わせ、冷蔵庫のドアを外して届け、またその場で冷蔵庫を組み立てなおし、顧客の問題解決の視点に立った対応をしている[40]。

　ここで強調すべきなのは、ラオックス社長羅怡文氏のリーダシップと意思決定である。ラオックスが経営危機に陥った際に、羅氏は蘇寧雲商集団とラオックスの提携を積極的に仲介し、両者の提携に結びつけた。社長就任後、中国観光客の増加を予想し、ラオックスを免税店に転換する方針を定めた。また、積極的に蘇寧雲商集団と信頼関係を築き、蘇寧雲商集団から融資やサポートを受けながら、中国市場への進出を果たしてきた。さらに、羅氏は日本のスーパーマーケットのマルエツと蘇寧雲商集団の合弁会社設立についても積極的に仲介役を果たし、蘇寧雲商集団の非家電業態の拡張ならびに小売業総合化の一環として、中国での日本式スーパーマーケットの展開を支援している。蘇寧雲商集団とラオックスは貿易仲介事業を活用して、日本のラオックスでの商品の相互供給を行い、ラオックスの日本事業と中国事業のシナジー効果を計っている。

7．まとめ

　中国市場においては数多くの国内外の小売企業が展開するようになっており、激しい競争が繰り返している。同じ経営環境の下に置かれ、競合他社より優れた業績を挙げている企業は存在しており、そこで問われるのは企業の組織能力である。本章においては、中国市場に事業展開している小売企業の事例を考察し、各小売企業が自社の優位性を活用し、政府の行政介入、消費市場の成長、さらには企業間競争の激化などを背景に中国市場において、小売業態の多様化を進め、他社より優れた成果を得ている要因を突き止めた。分析の結果は図表

7-10の通りである。

上記事例の研究を通して、各社は市場に進出後、政府政策のもとで、消費需要の変化に応じ、厳しい競争環境において、競合他社より優れた経営資源や組織能力の優位性を発揮し、今日の規模まで拡大できたことが確認できる。ここで、事例分析、およびインタビューをベースに、企業の発展と業態多様化を推進する小売企業の組織能力を整理してみよう。事例研究を通して、企業の組織能力は大枠に戦略要因、組織要因、技術要因という3つの領域に集約できる。すなわち、小売企業は戦略面においては、自社を軸とした経営者のリーダーシップを持ち、優れた経営戦略を行う能力、また組織上で、専門小売知識の持つ人材を育成し、学習能力を向上させる能力、さらに技術面では、自社の経営資源を活用し、小売業態や商品を開発する能力が問われる。

また、本章で取りあげた5社の事例は、独自の小売業態、市場に適合する小売業態の導入を出発点に優れた成果を挙げている会社と、企業経営者のリーダーシップ・意思決定を出発点に経営戦略が定められ、自社の優位性を発揮して

図表7-10　事例研究のまとめ

企業名	国	進出年度	業態	組織能力
百聯集団	中国	2003	DP、GMS、SM、CVS、他	国有企業、地域経済と緊密性、学習能力、企業内部の再編成など。
カルフール	フランス	1995	GMS、HD、他	独自業態、人材育成、分権的な管理システムなど。
イオン	日本	1995	GMS、SM、CVS、SC、SS、他	多業態展開、徹底的な現地化戦略など。
平和堂	日本	1994	DP	経営者の意思決定、現地市場への適応化、社員教育など。
ラオックス	日本	2010	CE、EC、SS	経営者の意思決定、現地市場への部分適応、中国ナンバーワンの蘇寧雲商集団のSCMやアフターサービスのインフラ活用、社員の高いモチベーション。

出所：筆者作成

きた会社に分けられる。

　小売業態の導入を出発点にする小売企業（百聯集団、カルフール、イオン）は、市場に参入する際に、独自の小売業態、市場に適応する業態を中国市場に導入し、競争相手より業態の優位性や多業態で展開する戦略を取り、良い成果を出している。また、企業経営者の役割を出発点にする企業（平和堂、ラオックス）は経営者のリーダーシップを発揮し、進出する市場の選択や導入する業態を的確に判断し、さらに自社の経営戦略を加え、競争優位性を獲得している。

　百聯集団は上海政府の主導により合併し、消費市場に適合する多業態展開から始まり、その後消費市場の成長を背景に、新業態の導入を行ってきた。国有企業でありながら、政府の支持や巨大な資本力という組織上の優位性を持ち、地域密着型経営のような組織能力を有し、上海を拠点に全国規模での販売ネットワークを構築しようとしている。国内の小売企業という特質を持ち、中国文化、習慣などを熟知している能力を活かし、消費者ニーズに適合する業態の開発と提供ができると考えられる。グループ内に卸売機能を果す企業があり、商品調達、商品供給といったサプライチェーンマネジメントシステムで独自の能力を蓄積している。また再編成により、ディベロッパーを傘下に収め、店舗の出店立地から、サプライチェーン、販売ネットワークの構築といった一連の業務システム面で傑出した能力を構築し、すでに多業態で展開している状況をベースに、その優れた学習能力を加え、海外の先進的な経営ノウハウや小売技術を学習し、企業の持続的な発展やさらなる多業態での展開を図っている。

　カルフールは中国に進出する際に、母国の主力業態―ハイパーマーケットを中国に導入し、迅速に店舗展開を行っていった。当時、中国市場にとってユニークなハイパーマーケット業態を有し、独自の市場戦略をとり、他の国・地域で蓄積してきた店舗運営の経験、ノウハウ、先進的な小売技術などの業務面の能力を活用し、中間所得層の拡大を背景に、沿岸部から内陸部への進出を加速し、進出地域の消費者ニーズの多様化に応じた業態の多業態化を推進してきている。

　また組織上においては、カルフールは現地従業員に対する近代的な小売技術のトレーニングを通し、小売技術の専門家を積極的に育成することで、迅速かつ大規模な店舗拡大を維持してきた。分権的な管理システムを実施し、店舗責

任者に意思決定の権限を与えることで、消費者ニーズまたその変化に迅速かつ適切な対応をしており、管理システム面の能力が優れているといえる。さらに、商品調達の集中管理、サプライヤー管理システム、バイイングパワーなどの競争優位性を持つ組織能力の活用によって、中国都市部のみならず、内陸部の店舗展開を加速している。

イオンは地域に密着したドミナント・多業態戦略を採用している。イオンはカルフールとほぼ同時に中国市場に進出を果たし、最初に大型店舗の出店を選択してきたが、中国での発展状況を踏まえて、その後の異なる業態戦略を実施してきた。同じアジア文化圏に位置し、類似の文化や消費習慣などを背景に、母国で蓄積され、優れた業態開発・運営する能力を応用し、出店先の特性に合わせた業態を導入・運営している。柔軟な業態戦略をとっており、現地市場への適応を図ってきた。また多数の地域法人が存在しており、同じ地域内、また同じ業態内での意思決定が進めやすくなり、柔軟に消費者ニーズへ対応することを重視しようとしている。店舗運営面での能力が優れていると同時に、2012年にイオンは中国市場でPB商品の販売を開始し、今後業務面の能力の蓄積を強化し始めている。

平和堂は中国において、母国の出店戦略を踏襲し、長沙市においてドミナント戦略を行い、地域密着型の出店により中間所得層や高所得層をターゲットとして、付加価値の高い商品を提供し収益向上を図り、徹底的な現地化戦略を実行してきた。経営者の強い意思と現地市政府の支持で、進出当時から現地小売企業が模倣困難な日本式サービスを提供し、近隣店舗を増やし、さらに知名度を上げている。近年、店舗運営面だけでなく、商品調達ブランド確保などのような供給面の能力も増している。総合スーパーから百貨店業態に転換し、単一業態にも関わらず、多店舗展開によって収益を増やしている。つまり、日本で立案した総合スーパー業態にこだわらず、現地ニーズに応じて業態を創造するという組織能力の支えのもとで、平和堂は長沙において成功を収めている。

今後の店舗展開もショッピングセンターベースで、アンカーテナントとして百貨店を中心に展開する予定である[41]。必ずしも多業態の展開ではないが、この事例は母国で準備していた成功モデルにとらわれず、中国市場に導入する際、現地で求められている業態を立ち上げることで成功し、平和堂にとっては、現

地市場への適応過程として、新業態を創出してきたユニークな事例として位置づけることができる。とりわけ注目できる点としては、平和堂は、2012年9月15日の中国湖南省の3店舗すべてに、反日デモによる破壊や略奪という被害を受けた。それにもかかわらず、デモ被害の後に、現地採用した中国人スタッフの再開への並々ならぬ熱意と努力それに湖南省政府による強い再発防止の確約などを受けて、社長の夏原平和氏は「中国でのビジネスはやり直せる」と判断し、2013年4月28日には長沙市に4号店のAUX（奥克斬）広場店をオープンし、ショッピングセンターのアンカーストアとしてのポジションを明確にし、独自の品揃えと全員参加の経営を打ち出すことで現地化を進めている[42)]。

　ラオックスは蘇寧雲商集団に買収されたことをきっかけに、企業成長の一環として中国進出を果たしてきた。日本ラオックスというブランドを中国で展開し、組織能力を発揮し、部分適応戦略を採用し、日本式の高水準のサービスを提供している。親会社である蘇寧雲商集団の物流やサービスネットワークといったインフラをベースに、商品調達面で日本ラオックスと相互的に利用することで、中国現地の家電量販店と差別化を図ってきた。店舗運営面では、日本で蓄積された運営ノウハウを活かし、日本式のライフスタイルを提供することで、進出先で日本の文化・ライフスタイルや経営方式を浸透させている。また、頻繁な社員研修によって、従業員のモチベーションを向上させ、よりよいサービスの提供に努めている。また、社長羅氏のリーダシップのもとで、迅速な意思決定をはかるために蘇寧雲商集団と日本で蓄積されたそれぞれの組織能力を活用することで、ラオックスの日本国内での再建、中国市場での日本式の家電小売業態の導入を行い発展をはかろうとしている。

　さらに、こうした中国事業展開は、中国からの来日観光客のラオックス日本に対する認知度の向上や好感を持つことが期待されており、日本の店舗業績の向上に貢献し、蘇寧雲商集団内および企業内のシナジー効果をもたらすことを狙っている。

　上述した各小売企業は今日、中国市場において主導的にビジネスを展開しており、類似したマクロ環境のもとに置かれているにもかかわらず、各小売業態の展開過程や現状などは異なっている。その原因は各小売企業が有する組織能力の違いにある。事例考察を通し、5社が自社の組織能力を活用することで、

行政介入や市場メカニズムに応じた業態を選択・展開し、環境変化の動向を読み込みながら企業の競争優位性を発揮しつつあることが確認できた。つまり、企業の組織能力が業態多様化に大きな影響を与えている。特に、組織能力の中で、業態選択を含む経営戦略や企業経営者のリーダーシップは重要なポジションを示していることも指摘できる。

1）蘇寧雲商集団股份有限公司は中国最大手の家電専門量販店である。2013年2月に社名が「蘇寧電器」から「蘇寧雲商集団股份有限公司」に商号を変更し、店舗販売とインターネット通信販売、サービス業を融合したビジネスモデルへと転換し、家電販売専業から脱皮することを狙っている。
2）三菱UFJリサーチ＆コンサルティング株式会社において実施した同社国際事業本部、グローバルコンサルティング部部長、百聯集団の元上級コンサルタント、恩田達紀氏へのインタビューによる（2011/8/29）。
3）専修大学において実施した恩田達紀氏へのインタビューによる（2011/10/20）。
4）Siebers, L.Q. (2011) Retail Internationalization in China : Expansion of Foreign Retailers, Palgrave Macmillan. pp. 29-162. Siebersは中国に進出している外資系小売企業の成長要因の分析について考察を行っている中で、国有小売企業の立地や不動産物件の政府による優遇について指摘している。また、上記の恩田達紀氏へのインタビューでも同様の指摘を確認している。
5）神谷渉（2013）「中国における内資系小売企業の発展戦略：聯華超市・永輝超市の事例を中心に」渡辺達朗（編）『中国流通のダイナミズム―内需拡大期における内資系企業と外資系企業の競争』白桃書房　PP. 72-73。
6）「カルフール」という社名はフランス語で十字路・交差点・町の広場などを意味しており、当時出店した店舗の立地条件を表現する言葉であった。
7）胡欣欣（2003）「国際小売企業の中国戦略」矢作敏行（編）『中国・アジアの小売業革新』日本経済新聞出版社　PP. 55-56。
8）田村正紀（2003）「カルフールの中国進出」『流通科学研究所モノグラフ』第35号　P．4。
9）2012年カルフールの会長兼最高経営責任者に就任したジョルジュ・プラサ氏は2013年4月2日に、英国フィナンシャル・タイムズ紙のインタビューで、「中国経済は今内陸部に軸足を移している。我々の将来も内陸部にある」と言い、今後中国の事業展開の中心は内陸部に移ることを示唆していた。
10）カルフールの取締役会は2011年3月1日に、傘下のディスカウント・ストア事業ディア

(Dia%) の100％を分離独立（スピンオフ）させることを決定した。これにより、Dia%は独立採算になったが、中国に進出した当時、カルフール本体の支持の下で、店舗展開ができた点については評価すべきである。このことは、本社の中で業態多様化が推進される過程で、将来性のある成長業態とみなされた場合、別会社方式で独立させるケースが生れていることを示している。

11) 中国における組織構造は「本部 CEO―4区域マネジャー――若干名地域マネジャー――店舗店長」の4段階に分かれている。本部は上海に置かれ、全国事業を統括する「中国 CEO」1名をつけ、そのもとで、4つの出店地域では「区域マネジャー」4名を設け、また、4名のマネジャーの下では何人かの地域マネジャーを設け、直接に店長と関わる組織図である。陳広（2007）『家楽福内幕』（日本名：カルフールの内部事情）中国海天出版社　P. 143。

12) 黄磷（2009）「中国市場における小売国際化」向山雅夫、崔相鐵（編著）『小売企業の国際展開』中央経済社　P. 110。

13) カルフールの人材養成戦略は ETP（カルフール管理者の育成訓練プロジェクト）、MDP（カルフール管理開発プロジェクト）、Mandarin（カルフールエリート育成訓練プロジェクト）などを指す。

14) 1887年、岡田屋・五代目惣右衛門が四日市六町にあった店舗を当時の繁華街「辻」へ移転させ、屋号を篠原屋から岡田屋に変更した。1926年9月、岡田屋・六代目惣右衛門が個人経営を廃し、資本金25万円の株式会社岡田屋呉服店を設立した。

15) ここの3社は岡田屋、フタギ株式会社、株式会社シロを指す。

16) 日本名は広東ジャスコチームストアーズである。ジャスコ80％、広東側20％の出資率であった。

17) 日本名は青島東泰ジャスコである。ジャスコ50％、青島側50％の出資率であった。

18) この施設は5万㎡の敷地に総合スーパー・ジャスコを中核とし、モールには40の専門店とレストラン、アミューズメント施設などを集積した大型複合商業施設で、800台の駐車場を設置した。統計する際に、総合スーパーとして換算されている。『ジャスコ三十年史』(2000) ジャスコ株式会社編集・発行　PP. 702-705。

19) 敷地面積は9万㎡であり、中国のモータリゼーションの進展に応じ、3千台の駐車場を備えている。

20) 北京イオン国際商城ショッピングセンターにおいて実施した同センター店長廣橋義徳氏へのインタビューによる（2009/9/16)。

21) イオン華南商業有限公司において実施した食品改革プロジェクト部長八田将行氏へのインタビューによる（2013/8/31)。

22) 日本国内と同様、投資額が小さい小型店を拡充する計画である。

23)株式会社平和堂ホームーページ・会社紹介の内容を参考している。
24)5つの経営理念は以下の通りである。①奉仕のハトはお客様へのサービスを第一とする。②創造のハトはよい品を販売する。③感謝のハトはお取引先との信用を重んじる。④友愛のハトはみんなの幸せを築く。⑤平和のハトは地域社会のためにつくす。
25)「お客様になくてはならない店になる、それには、環境の変化、競争の変化、商品の変化など、それぞれの変化に素早く対応していくことが大切です、さらに言えば、毎日きてくださるお客様に感謝の気持ちを込めて、良品をお買い得価格で提供し、笑顔を添えて奉仕することです。平和堂の原点はここにあります。」と社史の中で強調されている。平和堂（編）（2007）『奉仕と創造の50年―平和堂の歩み』平和堂　P. 5。
26)西尾久美子（2012）「地方大手小売企業のビジネスシステム」『現代社会研究』現代社会研究　PP. 78-79。
27)矢作敏行（2011）「湖南平和堂：現地市場への適応化」矢作敏行（編）『日本の優秀小売企業の底力』日本経済新聞出版社　PP. 332-341。
28)関根孝（2009）「中国大都市の流通近代化の現状―上海の流通近代化」矢作敏行・関根孝・鍾淑玲・畢滔滔（著）『発展する中国の流通』白桃書房　PP. 225-252。
29)西尾久美子（2012）前掲文　P. 80。
30)株式会社平和堂本社において実施した専務取締役・管理本部長兼社長室長兼中国室長、古川幸一氏へのインタビューによる（2011/9/8）。
31)矢作敏行（2011）前掲書　P. 340。
32)ラオックス株式会社本社において実施した代表取締役社長羅怡文氏へのインタビューによる（2011/7/21）。
33)林国本（2012/8/7）「中国企業、日本企業買収で現地市場進出を加速（後編）」http : //j.people.com.cn/94476/7901591.html。
34)ウィキペディア　2013/09/10にアクセス。
35)ラオックス株式会社本社において実施した代表取締役社長羅怡文氏へのインタビューによる（2013/8/12）。
36)ラオックス株式会社本社において実施した代表取締役社長羅怡文氏へのインタビューによる（2013/8/12）。
37)ラオックスは中国において、ラオックス（楽購仕）とラオックスライフ（楽購仕生活広場）という二つの業態を展開しており、ラオックス（楽購仕）は営業面積が約8000平米から12000平米の店舗を指し、ラオックスライフ（楽購仕生活広場）は12000平米以上の店舗を指す。ラオックス上海四川北路店舗において実施した店長何海峰氏へのインタビューによる（2013/9/3）。

38) ラオックス上海四川北路店舗において実施した店長何海峰氏へのインタビューによる (2013/9/3)。
39) ラオックス株式会社本社において実施した代表取締役社長羅怡文氏へのインタビューによる (2013/8/12)。
40) ラオックス上海四川北路店舗において実施した店長何海峰氏へのインタビューによる (2013/9/3)。
41) 株式会社平和堂本社において実施した専務取締役・管理本部長兼社長室長兼中国室長、古川幸一氏へのインタビューによる (2011/9/8)。
42)「平和堂代表取締役社長　夏原平和」(2013/8/15) DIAMOND Chain Store Age　PP. 23-25。

終章

1．まとめ

(1) 小売業態の多様化に影響を与える要因の分析

これまで、小売業はドメスティックな産業といわれてきたが、近年、小売企業の大手が国境を越え、積極的に海外進出を行い、小売業の国際化が活発化している。小売業国際化の急速な展開に対して、様々な視点で分析が試みられており、特に小売業の業態に関する研究が増えつつある。しかし、このような研究の大半は欧米先進国に関するものであり、発展途上国・新興国に関する業態の研究はまだまだ少ないといえる。また、このような先行研究は参入以前や参入自体に集中しており、参入後（業態の変化）や統合それに撤退を含むトータルなプロセスの研究が不足している。

今日、中国の小売業界においては、小売業の近代化が進んでおり、特に小売業態の多様化が急速に発展している。中国の小売業態は新しいさまざまな業態が一斉に導入され、発展するという特徴を持っている。ここに、中国における小売業態の多様な発展について、小売国際化の理論をベースに業態多様化のメカニズムを理論的に解明することの重要性が存在する。

中国の小売業における小売業態の発展とその多様化のメカニズムを解明する前提として、小売業態とは何か、また業態創出に関する先行研究の理論仮説と問題点を検討した。この分析を通して、業態をマクロレベルで位置づけ、フォーマットやフォーミュラをミクロレベルで表現し位置づける捉え方から、小売業態が共通の小売ミックスに基づいて類似の販売方法を実現している戦略グループであると理解し、業態に関する分析がマクロレベルとミクロレベルの両方から考察する必要性を提起している。

第1章で議論してきたように、小売業態の多様化に関しては、業態の生成と

発展のメカニズムに焦点を当て、とくに政治的、経済的、社会文化的な環境要因や消費者受容・企業間競争などの外部要因を明らかにすることで、理論的に小売業態を分析単位としたマクロレベルの分析を行ってきた。それと同時に、個別の小売企業に焦点を当て、個々の小売企業がどのように小売ミックスを革新することで、多様な小売業態を創出するのかを検討し、このマクロとミクロの2つの視点の接合が小売業態を発展させる条件であることを論じてきた。

これまでの日本での商業や流通関連の学会においても、マクロレベルの業態変動メカニズムとミクロレベルの業態創造・競争のプロセスをいかに連結させ分析するかは、業態研究に関する大きな課題となっている[1]。本研究では、小売業態の多様化はマクロ環境の影響を受ける一方、小売企業の組織能力（ミクロ要因）の重要性にも依存するという相互関係を理論的な接近と事例研究から明らかにしてきた。

小売業態の生成・発展は社会環境に大きく影響される。国の規制・文化、競合状況、消費者ニーズの変化などによって既存業態をベースに異なる小売業態が生まれる。緩やかな規制環境で、経済が発展している地域ほど、小売業態の多様化が進み、従来より効率的な手法をもたらすコストリーダー型の業態多様化があり、また立地や品揃え、サービスなどでの差別化を目指す業態多様化の場合もある。また消費者は時間の経過とともに、新規業態についての知識を蓄積し、新規業態を受容・利用するようになる。消費者層が広がることに伴い、消費者ニーズの多様化に対応するため、小売企業の組織能力の育成や拡充が求められる。このような状況で小売企業は自社の経営資源をいかに利用し、既存の小売業態を拡大していくか、または新たな業態を確立していくが戦略的な課題となる。同じ経済環境のもとに置かれていても、企業の組織能力の格差によって消費者の受容などが異なることで、業態の成長や発展に違いが生れる。小売業態は社会的な環境要因の影響を受ける一方、消費者ニーズ、企業間の競争などによって、業態多様化が実現され、また小売企業の組織能力の格差は企業の競争優位性をもたらし、業態の拡大や新規業態の創造に結びつく。つまり、小売業態の多様化はマクロ環境の影響を受ける一方、小売企業の組織能力（ミクロ要因）の程度にも依存する（図表8-1を参照）。

図表 8-1 小売業態の多様化に影響を与える要因

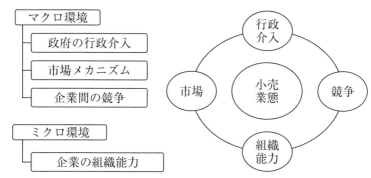

出所：筆者作成

(2) 中国における小売業態多様化の特徴

　本書では、小売業態の多様化に焦点をあて、とくに成長を続ける中国市場において、小売業態がどのように市場に導入され成長し、いかに多様化しているのか、中国の流通近代化のプロセスと関係づけながら、中国の小売業態多様化のメカニズムの解明を主要な目的とした。本書の研究を通し、中国における小売業態の多様化は華人・華僑はじめ欧米及び日本の小売企業の影響を強く受け、先進的な小売業態が中国市場に導入され、中国の国内企業はそれを模倣しながら発展してきたが、欧米や日本とは異なる発展の道を辿っていることも明らかになった。

　本書は中国における小売業態のダイナミズムを理解するため、政府の行政介入、需要サイトの変化、小売企業間の競争、また企業の組織能力に焦点を当て、中国小売業態の導入プロセスを考察し、業態多様化のメカニズムを明らかにした。つまり、中国市場においては、1990年代には、小売業にとっては行政という政治的な外部要因に基づき、中国市場への新業態の導入が行われた特徴を持っている。その後、2000年代に入り、中国小売市場の発展の特徴は、急速な経済成長と大規模な市場拡大、とりわけ中間層の増大を背景に、短期間で多様な小売業態を同時に吸収するメカニズムが働いており、時間的経過の下で段階的に小売業態が多様化する欧米の動向とは異なった特徴を示している。

　前述してきたように、中国市場における小売業態発展のプロセスの特徴とし

て、特にWTO加盟以前、90年代初期には、生鮮市場のような伝統的な販売方式や国有百貨店などの業態が主要業態であり、チェーンストアの展開はほとんどない状態であった。政府の行政介入により、当初は政府によって選ばれた外資系小売企業のみが政府の求める業態を中国に進出させることが認められ、近代的なセルフサービス販売方式が本格的に中国市場で展開されるようになった。ハイパーマーケットや総合スーパーなど「セルフサービスをベースとした総合商品型」の革新的な小売チェーンが急成長するようになり、WTO加盟まで大型店舗の出店競争が続いた。市場全体からみると、様々な小売業態が中国市場に導入され、マクロレベルで中国の小売構造が業種面だけでなく、業態面からも多様性がもたらされることを意味していた。外資系小売企業はチェーンストア展開が認められたが、行政介入により、地域・店舗数などが制限され、全国への出店はできず、主に沿岸部の都市や大都市において大型業態の出店に留まった。また、中国に参入した企業は華人・華僑資本の企業が欧米企業より多かった点も指摘できる。

　WTO加盟以降、特にオリンピックや上海国際博覧会の開催後、高度経済急成長の恩恵を受けたセルフサービスベースの総合商品型小売業は個性化・多様化する消費者の欲求を的確に捉えることができなくなってきた。都市における大型店舗の飽和や都市計画による大型店舗の出店規制などの影響を受け、ショッピングセンターやネイバーフッドマーケットなどの新しい業態も中国市場に導入され、中国小売業態の多様化はいっそう促進された。WTO加盟条約により、出店先や店舗数の制限などが撤廃され、外資系小売企業は大都市から内陸部へのチェーンストア展開を加速した。経済成長を背景に需要の変化と競争関係の激化を通して、各企業がライバルとの差別化やより多くの顧客獲得のために、多業態の経営方針を採用する傾向が見られるようになってきた。行政介入が次第に緩和され、中間所得層の増大を背景に、日欧米の大手小売企業が中国市場への参入をいっそう加速し、多様な消費者のニーズに対応するために、大型業態に限らず、小型業態の導入も推進するようになった（図表8-2を参照）。さらに、2010年9月、中央政府の行政介入により、インターネットによる通信販売を外資企業に解禁し[2]、新しい業態による外資系小売企業の参入が加速している。

図表8-2　企業進出の規制変化および消費市場の変化

項　目	WTO加盟以前	WTO加盟以後
	進出企業に対する規制と出店の変化	
行政介入	政府政策が多い	政府政策が少なくなる
経営形態	合弁会社	合弁会社、独資会社
外資系の出資率	50％以下	出資制限を撤廃
地理的制限	限定される地域	地理的の制限を撤廃
主要な展開地域	沿岸部	沿岸部から内陸部に移行
チェーンストア	30店舗以下、緩やかに展開	制限を撤廃、急速に展開
出店戦略	1企業・1業態	1企業・多業態
業態	大型業態を中心	大型業態と小型業態が併存
	消費市場の変化	
主要な消費層	貧困層	中間所得層
消費需要	低価格志向	嗜好品、便利性消費、ブランド品

出所：筆者作成

　外資系小売企業に対して、内陸部の各地方において、免税、立地などの優遇政策を行い、積極的に外資を誘致しているが、沿岸部の大都市においては、優遇政策をなくし、国内小売企業と同じ待遇にし、都市中心部においては、大型店の出店について規制する政策も出すようになった。消費需要は小売業態の多様化に大きな影響を与えるようになり、その一方で、中国政府は立地や出店という基本の部分では行政介入を行いながら、小売業の発展をガイドしてきている。この市場経済化と行政介入の併存が中国小売業態の多様化を生み出してきた特徴と言える。

　また、中国市場における小売企業の事例研究を通して、組織能力の観点から同業他社より優れた成果を実現している要因を突き止め、中国小売業の多様化の推進に貢献してきた関係を明らかにしてきた。

(3) 中国における小売業態多様化のメカニズム

　上記の分析のように、中国小売業態の多様化は政府の行政介入より、先進的で多様な小売業態が一気に中国市場に導入され、発展するようになった。進出後、市場メカニズム、企業間の競争などの影響を受け、小売企業は自社の組織能力を利用し、消費者のニーズに対応するため、多業態で展開するようになった（図表8－3を参照）。社会主義の中国では、常に中央政府の計画の下で行動し影響を受けている。小売業は無論その影響を受けている。自由競争の市場経済を実施している中でも、常に行政介入が機能しており、市場の発展レベルにより行政介入の程度が調整されている。日本において、そもそもコンビニエンスストアが本格的に導入されたのが、大店法が施行された1974年頃であり、売り場面積で規制のかからない条件が大手総合スーパーのコンビニエンスストア業態への参入と出店を加速した。これは端的に小売業への行政介入の結果として生み出されたものであった。さらに2000年に入って大店法が廃止され、コンビニエンスストアの特権である年中無休・長時間営業は他の業態でも可能となり、行政による規制緩和はコンビニエンスストア業態のあり方を変質させ、さらには2006年の都市計画法の改正は郊外大型店の出店規制を生み出し、スーパーやドラッグストア、小型スーパーとの競合からの差別化を図る動きが活発化して、コンビニエンスストア業態の変容を生み出している。このように、コンビニエンスストア業態の例からも、先進国における市場成熟に伴って、行政介入サイクルが働いている点を確認することができる。最近の韓国の大型店の日曜営業規制やイタリアなど欧州での古くから宗教的・労働者保護視点からの日曜営業や営業時間規制にも、大型店や長時間営業に抵触しない小売業態への投資行動に明らかである。最近は、日本において行政介入としての流通政策が小売業態の発展や変容にどのような影響を及ぼしたのかを、統計資料を駆使して論証した研究も提起されており、本書の論点を裏付けている[3]。

　中国小売業の多様化に、政府の行政介入が大きな役割を果たしてきた一方、今後も影響し続けることが考えられるが、企業の経営者の役割や企業の組織能力の役割も、小売業態の発展に大きな影響力を持つようになると考えられる。

　そこで中国で事業展開している小売企業は、大枠3つの分類ができる。まず、外資系小売企業は既述のように、中国に進出した当時、主に沿岸部の大都市を

図表8-3 中国における小売業態の多様化に関する展開メカニズム

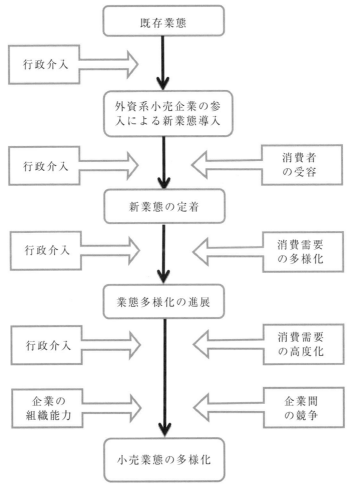

出所：筆者作成

拠点に単一企業の進出から始まり、近年規制緩和や消費需要の変化（中間所得層の増加）、また企業間の競争が激化しているなどの影響を受け、経済が発展している沿岸部だけでなく、急速に成長する内陸部にも焦点を当て、多業態での出店に転換している。また、国内資本の大手小売企業（主に国有企業）は外

資小売企業の活発な進出を受けて、民営化への移行や消費者ニーズへの対応に迫られ、政府支援による好立地と豊富な資金力を活用しながら、M&Aによって企業規模の拡大や、企業グループの形成、全国における販売ネットワークの整備、多数の優秀な小売人材のスカウトなどで、中国の大都市で規模の追求や多業態での経営に取り組んできた。そして、各地域における地方小売企業は地方政府出資の小売企業、また民営企業がほとんどである。これらの小売企業は資金や人材などの制限を受け、他地域での出店は難しいと考えられる。地元商圏の拡大を求めるために、既存業態の増加と多業態の展開が考えられる。

　中国市場において事業を展開している小売企業は時間的経過とともに、地域の消費者ニーズの変化や競合企業との業態同質化を反映して、次第に複数の業態を組み合わせた、いわゆる1企業1業態から、1企業多業態戦略が重視される傾向が現れている。この点を、中国市場における小売企業の事例研究を通して、組織能力の観点から同業他社より優れた成果を実現している要因をとらえることで、中国小売業の業態多様化に寄与している関係を明らかにしてきた。

　また、第1章で紹介したビッグ・ミドルのコンセプトから中国小売市場を位置づけておこう。小売業を開放して以来、様々な小売業態が中国に参入してきており、参入した当時、低所得層をターゲットとする低価格小売企業だけでなく、高所得層をターゲットとするイノベーターのような小売企業も、中間所得層の増加につれ、中間所得層もターゲットとするようになった。また中間所得層をターゲットとする小売業者はさらに市場を拡大しようとするために、そこで、新しいタイプの小売業が増え、中国市場における小売業の業態が多様化している。ただし、ここでイノベーターを高価格小売業にのみ限定しているのは問題であるが、ビッグ・ミドルのコンセプトを利用すると、中国の小売業の業態の発展と業態多様化の関係を整理するのに有効な方法であることを確認することができる。小売業国際化の先行研究は、これまで小売業態について、その発展や多様化のメカニズムについて十分な考察を欠落させてきたという指摘もある[4]。さらにこれに加えて、小売企業の業態の研究には1企業1業態を暗黙に想定してきたという点からの、小売国際化の業態研究への新たな問題点も提起されている[5]。

　本研究とこのビッグ・ミドルのコンセプトの関係で強調したいことは、中国

図表 8-4　中国市場におけるビッグ・ミドル市場と行政介入

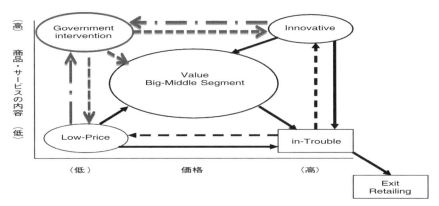

出所：Michael Levy, Dhruv Grewal, Robert A. Peterson and Bob Connolly (2005) "The Concept of the Big Middle," *Journal of Retailing*, Vol.81 (Number 2), p.85. 政府介入の役割は筆者がその重要性を考慮して追加したものである。

や他の新興国での小売業態の発展を考察する場合に、この小売業態の発展過程で、資本主義的市場メカニズムに比べて、政府の行政介入の存在や役割を対象とするアプローチが大きな影響力を発揮している点である。小売業態の研究を深めるために、中国における小売業態の発展モデルに新たな仮説が必要になっている。ビッグ・ミドル形成過程の前段階では、中国やインドのような新興国では、行政介入が小売業態の発展に大きな影響を果たすことが確認できる。このため市場システムによるビッグ・ミドル形成と小売業態の発展および多様化に対して、図表8-4のような形での行政介入を組み込んだ新たな小売業態発展の仮説が求められていることを問題提起しておきたい。

　また、本論文では、中国消費者ニーズの現状を把握するため、北京地域に絞りアンケート調査を行ってきた。その分析の結果から見ると、アンケート調査を通し、北京市場における消費者の経済格差の考察ができた。高所得層と低所得層の格差が鮮明に現れており、北京市場における主力な消費層は中間所得層である。所得水準によってよく利用する小売業態と企業のタイプとの関係に興味深い動向を確認できる。つまり、低所得層が国内小売企業で食品を中心に取り扱うスーパーマーケットを好むのに対し、中間所得層と高所得層が外資系小

売企業の利用率が高く、ワンストップショッピングのできる総合スーパー業態を志向していることが明らかになっている。

北京は以前から経済開放・開放政策を実施する中心地として位置づけられてきた。外資系小売企業の多くは北京を拠点に、中間所得層と高所得層をターゲットに業態展開を行ってきた。経済改革・開放政策を通して、北京、上海などの主要都市が急成長し、消費生活の向上やライフスタイルの多様化が進んでいる。その中、中流意識が拡大し、所得倍増の北京においては、中間所得層をはじめ、大衆消費社会が生成し、需要の拡大を引き起こすことになった。近年、さらに経済成長を実現させる好循環の環境が生まれている。

このような中間所得層の拡大と経済成長という好循環は社会の安定に大きな役割を果すことになる。これはまた中国の社会主義の経済発展促進の原動力になり、このことを通して、中国政府の行政介入の役割が小売業の業態発展に与えた大きな影響を確認することができる。

2．本書の貢献

本書は、中国における小売業態の多様化に影響を及ぼす要因の分析により、中国小売市場での業態発展および業態多様化のメカニズムを明らかにし、さらには小売業態研究における業態多様化に関する理論的かつ体系的な分析に役に立つことが指摘できる。また新興国市場、特に行政介入を行っている国・地域において、成功を目指す小売企業にとって重要な経営的な示唆を提供していることが考えられる。

これまでの中国の小売業態に関する先行研究では、WTO加盟以前行の政介入による業態の導入や事実考察がメインであった。中国国内の研究においては、小売業研究の先駆者と言われる李飛氏（2009）は政府の経済改革・開放政策の実施、小売業の対外開放のプロセスおよび小売業態発展への影響、小売業態の発展現状などについて、有益な研究成果を得ている一方、当該研究は行政介入の政策を時系列に考察するに留まり、行政介入がいかにパラレルに小売業態の多様化に対応しているのか、また国内外の小売企業がマクロ環境の変化にどのように対応してきたのかに焦点を当てるのみで、ミクロレベルの要因やそのた

めの研究までは言及されていないと指摘できる。柯氏（2007）は中国市場と日本およびアメリカとの比較研究を行い、行政介入を中心に業態の変化を分析し、マクロレベルで研究を進めてきたが、外資系小売企業が中国市場に参入した後の業態の変化や消費市場の変化などに関する考察を行っていない点が指摘できる。また、Siebers（2011）は中国市場における外資系小売企業の拡張プロセスに対してどのような環境変化や国特有の要因が影響するかについて分析し、またより良い立地選定を行うために企業の組織能力や企業固有の要因を改善することを提唱しており、この点について優れた考察を行っている。しかし、Siebersの研究はマクロレベルで2008年以前の行政介入と外資系小売企業の関係を中心に分析しており、消費需要の変化を定量的な分析視点で捉えることはしておらず、国内小売企業に対する分析も十分に行われていない。さらに企業間の熾烈な競争に関する分析も拡張プロセスの分析枠組みの中に十分に組み込まれているとは言い難い。

　上述したように、中国は経済改革・開放政策を実施して以来、外資系小売企業の進出が続き、巨大小売企業間の競争が世界的な規模で展開されるようになり、国際的な視野からの小売マーケティングや小売業態の理論的な研究の必要性が強まってきている。中国の小売業態論について、これまでの研究の蓄積は必ずしも十分ではなく、どのような条件の下で小売業態が発展し、業態多様化が生れるのかについての体系的な研究が、研究面でも、実務面でも求められている。

　本書の研究意義と貢献は、これまでの中国小売業態に関する研究の限界を克服しようとした点にある。先行研究のマクロ分析は行政介入の変化が中国小売業態の多様化にどのように影響を与えてきたかの点で高く評価できるが、市場における企業間競争の激化、市場メカニズムの変化、また、消費者行動、小売企業の組織能力などを取り込んだ統合的な研究は極めて少ないといえる。本研究はこの意味で、上記の限界を克服しようと試み、中国における行政介入と外資系小売業の業態選択の関係を体系的に考察し、さらに行政介入や需要サイトの双方の変化を時系列的に考慮して、外資系小売企業が中国に進出してからの業態変化を詳細に分析している。同時に、ミクロレベルで消費者アンケート調査から、所得階層別に消費者の小売業態選択を明らかにすることで、多様な消

費者ニーズに応えるための小売企業の組織能力の重要性に注目し、小売業態の多様化の実態を考察してきた。その結果、図表8-1で示したように、小売業態の多様化に影響を与える要因としては、大枠でマクロレベルで政府の行政介入、市場メカニズム、企業間の競争、ミクロレベルで企業の組織能力という4つの要因で構成されることを明らかにしてきた。

中国市場における小売業の未発達、成長、成熟していくプロセスの考察を通して、政府の行政介入の役割、サイクルがいかに小売業態の発展や業態多様化を推進したのかについて従来以上の説明力を与えた。また、このようなマクロ分析をベースに、ミクロ分析を加え、行政介入の要因以外に小売業態の変容をもたらす他の要因も明確にしてきたことである。

中国小売業態の多様化の研究を通して発見できたこと、また問題提案できることは、他の新興国での中間層の拡大を軸とした消費市場の成長の中で、多様な小売業態が発展し、消費者の豊かな選択を可能にするためには、政府の介入が果す影響、消費市場の成長、さらには小売企業の組織能力という要因が適切に組み合わさって大きな力になっていることを明確にできたこと、また、成熟した市場でも、従来の市場メカニズム一辺倒の小売業態発展仮説ではなく、この要因関連のメカニズムを利用することで、研究面でも、実務面でも有効な戦略マップが得られたことである。

さらに、中国と類似する行政介入の強い新興市場において、中国市場の研究を通して、小売企業がいかに政府政策に対処すべきか、また小売企業が市場変化にいかに効果的に対応すべきかについてヒントを提供している。

3．小売企業の経営に関する示唆

中国市場で事業展開する外資系小売業者のみならず、国内小売企業も含め、この研究で明らかにされた要因に基づいて示唆を与えることができる。

中国における外部環境と中国という国を理解することは、小売企業にとって決定的に重要な要因である。政府政策を支持すること、法律や規制に従うこと、それに中国の国に固有の要因を理解することは小売企業、特に外資系小売企業の拡張に大きなベネフィットをもたらすであろう。また、常に消費市場の変化

に注目すべきである。近年、所得水準の上昇と生活水準の改善は中間所得層と都市人口の成長に正の影響を与え、小売企業の成長に良い機会を生み出してきた。消費者ニーズの多様化・個性化により、利便性、専門化、高級化などが求められるようになり、消費者ニーズに適応できる小売企業のさらなる成長が期待できる。さらに、小売企業は企業間の競争などによって、学習を通して企業の組織能力を高め、自社の競争優位性を強化すべきであろう。

　また、アンケート分析を通して、消費者の業態に対する評価をもとに、北京市場ないし同発展水準の消費市場に進出する小売企業に示唆を与える。分析の結果からみると、低所得層をターゲットにする小売企業と小売業態は店内の清掃、雰囲気、明るさ、レイアウト、店員対応のような売場・サービス、商品の品質、特売、新鮮さなどの商品属性を重視し、購買環境・店舗作りと商品に注意を払うべきであろう。営業時間、ワンストップショッピング、店舗立地などのような店舗の利便性を求める高所得層にとっては、このような条件を揃えた総合スーパーや百貨店などのような業態が主役になると考えられる。現在、市場の規模として最も購買力を持っている中間所得層をターゲットにする小売企業は多様な消費者ニーズを満たすために、多様な業態の提供が必要になっている。中間所得層は売場・サービスを最も重視し、店舗が提供するサービス、売場の清掃状況、雰囲気などを求めている。このような条件をベースに、さらに付加価値のあるサービスや商品の提供で、中間所得層をターゲットにする小売業態作りが必要になっているといえる。

4．今後の課題

　本書では、先行研究の検討、企業経営者へのインタビュー、店舗視察、各社のアニュアルレポートの分析、事例分析、ならびに消費者アンケートなどを通して、中国小売業の業態多様化のメカニズムについて分析を行った。そこで、中国および新興市場において事業展開する小売企業の経営に対しても一定の示唆を与えていると考えるが、十分に取り扱えなかった課題や限界もある。

　まず、本書での事例研究は、中国小売業の業態多様化の実態把握の狙いから幾つかの事例を取り上げたが、十分な数の事例であったかという点で課題を残

している。中国市場で事業展開している大手の企業だけでなく、後発優位性を実現している外資系小売企業や、また国内の民営企業などはどのように小売事業を展開し、多業態化を図ってきたのかなどについて、この問題からの考察をさらに進化させる必要がある。

また、定量的な分析においては、調査の時間と予算などに限度があり、北京市場を中心に行ってきた。上海、広州のような大都市、また武漢、成都、瀋陽などのような地方中心部の消費需要に関する研究調査を行い、その地域性が小売企業の展開や業態多様化にどのような影響を与えるのかについてはさらに研究を深めていくべきである。

今後は、これらの課題を踏まえ、小売業の業態多様化に関する理論面の研究および実務面の応用に対してさらなる知見が提起できるようにいっそうの努力を継続していきたいと考えている。

1）近藤公彦（2010）「業態研究のフロンティア―革新の組織能力の視点から―」『日本商業学会第60回全国研究大会報告論集』日本商業学会　P. 41。矢作敏行（2013）「小売業とイノベーション」、石原武政（2013）「小売業態論・イノベーション研究の課題」『日本商業学会第63回全国研究大会　報告集』日本商業学会　PP. 35-38。なお、矢作氏は、2013年5月15日の日本商業学会第63回全国研究大会（立命館大学びわこ・くさつキャンパス）基調講演「小売業におけるイノベーションをどう考えるべきか：小売業とイノベーション」において、小売業態論の概念について、①小売業態価値論としてマクロ的な視点から「革新者はディスカウンターか否か等ではなく、より高い価値と顧客満足を提供する新しい営業形態として現れる」ことを強調し、②小売流通システム（小売事業システム、小売イノベーション・モデル、小売事業モデル）革新論としてミクロ的な視点から、商品調達や商品供給、組織形態を含む小売流通システムの革新として起こることを区分して、この①と②の概念の統合を強調する。さらに②のイノベーションを生み出すための組織能力に注目し、業務システムから生み出される部分と、市場戦略から生み出される部分を指摘している。矢作敏行「小売業とイノベーション」学会配布資料レジュメ　PP. 2-4。

2）2010年9月10日、中国政府（商務部）は外資系企業にインターネット通販を解禁すると発表した。中国に進出済みの流通業者と製造業者がまずは解禁の対象となり、ネット販売を許可する通達を出した。つまり中国市場において、実店舗等の拠点を持っている企業は解禁対象になった。

3）南方建明（2013）『流通政策と小売業の発展』中央経済社　PP. 11-47、PP. 225-231。

4) 向山雅夫（2009）「小売国際化の進展と新たな分析視角」、「小売国際化研究の新たな課題」、向山雅夫・崔相鉄（編著）『小売企業の国際展開』中央経済社　PP. 19-27、PP. 307-312。

5) こうした従来の研究への批判的な評価を踏まえて考察すると、ここでのコンセプトの問題も、特定業態での参入の動機やビッグ・ミドル市場での業態形成がどのように行われるかについては、これだけの構図では不明なままである。この点については、すでに本書第1章において指摘している。Levy, M. Grewal, D. Peterson, R. A. and Connolly, B. (2005) "The Concept of the Big Middle," *Journal of Retailing*, Vol. 81 (Number 2), p. 85.

参考文献

第1章

- Arrondo, E. Berne, C. Mugica, J. M. and Rivera, P. (2002), "Modelling of Customer Retention in Multi-Format Retailing," *International Review of Retail, Distribution and Consumer Research*, Vol, 12, No. 3, pp. 281–296.
- Blizzard, R. T. (1976) " The Comparative Evolution of Selected Retail Institutions in the United States and Australia : A Culture Ecological Analysis ", *Ph. D. Dissertation*, pp. 368–383.
- Brown , S. (1987) "Institutional Change in Retailing", *European Journal of Marketing*, 21 (6), pp. 5 –36.
- Chandler, A. Jr. (1992), "Organizational Capabilities and the Economic History of the Industrial Enterprise," *Journal of Economic Perspective*, Vol. 6, No. 3, pp. 79–100.
- Davidson, W. R. Bates, A. D. and Bass, S. J. (1976), "The Retail Life Cycle", *Harvard Business Review, Vol. 54*, November-December, 1976, pp. 89–96.
- Gist, R. R. (1968), Retailing : Concepts and Decision, pp. 106–109.
- Goldman, A. (1978), "Institutional Changes in Retailing : An Updated "Wheel of Retailing" Theory, " Woodside, A. G. Sims, J. T. Lewison D. M. and Wilkinson I. F. (eds) *Foundations of Marketing Channels*, Lone Star Publisher.
- Hollander, S. C. (1966) "Notes on the Retail Accordion Theory", *Journal of Retailing*, Vol. 42, pp. 29–40.
- Mason, J. B. Mayer, M. L. and Wilinson, J. B. *Modern Retailing : Theory and Practice*, 6th ed., Richard D. Irwin, 1993, p. 33.
- Levy, M. Grewal, D. Peterson, R. A. and Connolly, B. (2005) "The Concept of the Big Middle," *Journal of Retailing*, Vol. 81 (Number 2), p. 85.
- McNair, M. P. (1931), "Trends in Large-Scale Retailing," *Harvard Business Review*, Vol. 10, October, pp. 30–39.
- Nielsen, O. (1966), "Developments in Retailing," in Max Kjaer-Hansen (ed.), *Readings in Danish Theory of Marketing*, North Holland, pp. 101–115.

・Lewison, D. M. (1997), Retailing (6th international ed.), London : Prentice Hall International (UK) Limited.
・Regan, W. J. (1964), "The Stages of Retail Development", in Cox, A. and Shapiro (ed.), *Theory in Marketing* (*2nd series*), Homewood, Ⅲ : Irwin.
・青木均（1999）「小売業」兼村・青木・林・鈴木・小宮路『現代流通論』八千代出版。
・青木均（2008）『小売業態の国際移転の研究』成文堂。
・石原武政（2009）「小売業態研究の理論的新地平を求めて」石井淳蔵・向山雅夫（編緒）『小売業の業態革新』中央経済社　PP. 283-321。
・市川貢、増田大三、岡本輝代志（編著）（1989）『小売経営の現代的課題』千倉書房。
・稲田賢次（2002）「小売業の業態概念に関する一考察：小売ミックスにおける業態の捉え方と課題」『龍谷大学経営学論集』龍谷大学経営学会　第42巻第2号。
・渦原実男（2003）「小売業態展開の理論的考察」『流通』日本流通学会　PP. 87-93。
・渦原実男（2012）「小売業態展開とイノベーションの理論的研究」『西南学院大学商学論集』第58巻第4号　PP. 99-132。
・兼村栄哲（1993）「小売業態の生起・発展に関する理論仮説の再検討―小売業態の類型化を前提として―」早稲田大学『商学研究科紀要』第36号　PP. 141～191。
・柯麗華（2007）『現代中国の小売業』　創成社。
・菊池一夫（1999）「小売営業形態革新に関する基礎的研究」『商学研究論集』。
・金顕哲（2001）『コンビニエンス・ストア業態の革新』有斐閣。
・近藤公彦（1998）「小売商業形態論の課題：業態変動のミクロ基礎」『流通研究』第1巻第2号　PP. 44-56。
・近藤公彦（2010）「業態研究のフロンティア―革新の組織能力の視点から―」『日本商業学会第60回全国研究大会報告論集』PP. 36-44。
・小川進（1993）「小売商業形態変化研究の現状と課題」『経営・研究年報』神戸大学経営学部　PP. 219～245。
・坂川裕司（1997）「小売機関発展論の体系的研究枠組み肖文献展望を通じて」『六甲台論集』第43巻第3号　PP. 37～57。
・坂川裕司（2011）「小売フォーマット開発の分析枠組」『経済学研究』北海道大学

第60号　PP. 61-76。
・坂本秀夫（2001）『現代流通の解読』同友館　PP. 107〜123。
・白石善章（1977）「小売商業形態展開の理論―『小売の輪』論と『真空地帯』論―」『季刊消費と流通』第1巻第1号　PP. 88〜93。
・白石善章（1987）『流通構造と小売行動』千倉書房。
・笹川洋平（1994）「小売商業形態展開研究の再検討――一つの文献研究―」『福岡大学商学論集』第38巻第4号　PP. 479〜499。
・関根孝（1985）「小売営業形態展開の理論的考察」『東京都立商科短期大学研究論叢』第31号　PP. 15〜47。
・高嶋克義（2003）「小売業態革新の分析枠組」『國民經濟雜誌』第187巻第2号　PP. 69-83。
・高嶋克義（2007）「小売業態革新に関する再検討」『流通研究』第9巻第3号　PP. 33-51。
・高嶋克義、西村順二（編著）（2010）『小売業革新』千倉書房。
・髙橋広行、新倉貴士（2012）「業態の芽の方向性：消費者視点の革新的小売企業事例研究」『流通科学大学論集集―流通・経営編』第24巻第2号，PP. 125-149。
・竹内慶司（2001）『商店経営学の分析枠組』同友館。
・田口冬樹（2005）『新訂体系流通論』白桃書房。
・田口冬樹（2004）「業態とは」出牛正芳（編著）『基本マーケティング用語辞典』白桃書房。
・田村正紀（2008）『業態の盛衰――現代流通の激流』千倉書房。
・徳永豊、森博隆、井上崇通（編）（1990）『マーケティングの管理と診断』同友館。
・鳥羽達郎（2001）「小売業態の革新性に関する一考察」『星陵台論集』神戸商科大学大学院　第33巻第3号　PP. 35-57。
・向山雅夫（1985）「小売業形態展開論の分析枠組（Ⅰ）」『武蔵大学論集』第33巻第2・3号　P. 140。
・向山雅夫、崔相鐵（編著）（2009）『小売企業の国際展開』中央経済社。
・矢作敏行（1994）『コンビニエンス・ストア・システムの革新性』日本経済新聞出版社。
・矢作敏行（1996）『現代流通：理論とケースで学ぶ』有斐閣アルマ。

・矢作敏行（編著）（2000）『欧州の小売りイノベーション』白桃書房。
・矢作敏行（編著）（2011）『日本の優秀小売企業の底力』日本経済新聞出版社。
・和田充男（1986）「小売業態の喪失と小売競争の新地図」『季刊消費と流通』第10巻第4号　PP. 40-45。

第2章
・柯麗華（2007）『現代中国の小売業』創成社。
・中国商務部『中国商業年鑑2010』。
・中国国家質量監督検験検疫総局（2004/6/9）「小売業業態分類」。
・中国国家統計局『中国統計年鑑2012』。
・寺嶋正尚、後藤亜希子、川上幸代、洪緑萍（2003）『よくわかる中国流通業界』日本実業出版社。
・楊陽（2011）「グローバルリテーラーの海外進出戦略に関する研究—カルフールとイオンの中国進出戦略の事例分析を中心として—」『専修社会科学論集』専修大学　PP. 73-162。
・楊陽（2012）「中国政府の行政介入による小売業態の多様化」『企業経営研究』日本企業経営学会　第15号　PP. 79-92。
・楊陽（2012）「中国市場における小売業態の多様化の発展プロセス—外資系小売企業の進出を中心として—」『専修マネジメントジャーナル』専修大学経営研究所　PP. 57-68。
・李飛、王高　等（2006）『中国小売業の発展歴史』社会科学文献出版社。

第3章
・柯麗華（2007）『現代中国の小売業』創成社。
・黄淑慎（2006/8）「中国におけるカルフールとウォルマートの戦略比較——マーケティングミックス戦略を中心に」『エコノミスト・ナガサキ』PP. 533-574。
・扇常夫（2005/7/19）「中国小売業・卸売業の開放の現状と今後の見通し」中日投資促進機構　http://www.jcipo.org/shiryou/kouri1.html。
・『中華人民共和国経済档案資料選編（1949-1952）・工商体制巻』（1993）中国社会科学出版社。

- 中国国家統計局『中国統計年鑑』1990年～2012年。
- 中国チェーン経営協会『中国チェーン経営協会年鑑』1990年～2012年。
- 寺嶋正尚、後藤亜希子、川上幸代、洪緑萍（2003）『最新よくわかる中国流通業界』日本実業出版社。
- 矢作敏行（編）（2003）『中国・アジアの小売業革新』日本経済新聞出版社。
- 矢作敏行、関根孝、鍾淑玲、畢滔滔（2009）『発展する中国の流通』白桃書房。
- 楊陽（2011）「グローバルリテーラーの海外進出戦略に関する研究―カルフールとイオンの中国進出戦略の事例分析を中心として―」『専修社会科学論集』専修大学 PP. 76-160。
- 楊陽（2012）「中国市場における小売業態の多様化の発展プロセス―外資系小売企業の進出を中心として―」『専修マネジメントジャーナル』専修大学経営研究所 PP. 57-68。
- 李飛等（2009）『中国小売業対外開放研究』経済科学出版社。

第4章

- Guo, G. (2013) Consumer Behavior in China, Paliwoda, S. Andrews, T. and Chen, J. (ed.) Marketing Management in Asia, Routledge.
- 浅海一男（1972）『中国の企業経営』日本生産性本部。
- 経済産業省『通商白書2012』。
- 杜進（2013）「中国の人口変動とその経済的・社会的影響」『海外事情』拓殖大学海外事情研究所。
- 中国国家統計局『中国統計年鑑2012』。
- 三村祐介（2012/12/5）「中国における所得格差問題の行方―中国における所得格差問題の行方」みずほ総合研究所。
- 矢作敏行、関根孝、鍾淑玲、畢滔滔（2009）『発展する中国の流通』白桃書房。
- 李海峰（2004）『中国の大衆消費社会―市場経済化と消費者行動』ミネルヴァ書房。
- 李飛、王高等（2006）『中国零售業発展歴程』社会科学文献出版社。
- 渡辺達朗（公益財団法人、流通経済研究所）（編）（2013）『中国流通のダイナミズム―内需拡大期における内資系企業と外資系企業の競争』白桃書房。

第 5 章

- 加藤敏文、金成洙、Eun-Jung Noh（2013/10）「韓国小売企業の環境配慮サービス品質と顧客満足度―実証分析による我が国小売企業への示唆―」『酪農学園大学紀要』酪農学園大学　PP. 15-32。
- 徐向東（2011/11/14）「チャイナパワーと共に描くニッポン成長路線」日経 BP.NET 記事。
- 中国国家統計局『中国統計年鑑2012』。

第 6 章

- 中国国家統計局『中国統計年鑑』1984年～2012年。
- 中国チェーンストア経営協会『中国チェーンストア経営協会年鑑』1990年～2010年。
- 馮睿（2011）『外資小売業の中国市場参入―新興市場における小売国際化プロセスの展開』三恵社。
- 矢作敏行（編）（2003）『中国・アジアの小売業革新』日本経済新聞出版社。
- 矢作敏行、関根孝、鍾淑玲、畢滔滔（2009）『発展する中国の流通』白桃書房。
- 楊陽（2011）「グローバルリテーラーの海外進出戦略に関する研究―カルフールとイオンの中国進出戦略の事例分析を中心として―」『専修社会科学論集』専修大学 PP. 76-160。
- 李飛、王高　等（2006）『中国零售業発展歴程』社会科学文献出版社。
- 李飛等（2009）『中国小売業対外開放研究』経済科学出版社。

第 7 章

- Siebers, L. Q.（2011）Retail Internationalization in China : Expansion of Foreign Retailers, Palgrave Macmillan.
- 『ジャスコ三十年史』（2000）ジャスコ株式会社編集・発行。
- 田村正紀（2003）「カルフールの中国進出」『流通科学研究所モノグラフ』第35号。
- 陳広（編著）（2007）『家楽福内幕』（日本名：カルフールの内部事情）中国海天出版社。
- 向山雅夫、崔相鐵（編著）（2009）『小売企業の国際展開』中央経済社。

- 西尾久美子（2012）「地方大手小売企業のビジネスシステム」『現代社会研究』現代社会研究。
- 平和堂（2007）『奉仕と創造の50年―平和堂の歩み』平和堂。
- 矢作敏行（編）（2003）『中国・アジアの小売業革新』日本経済新聞出版社。
- 矢作敏行・関根孝・鍾淑玲・畢滔滔（2009）『発展する中国の流通』白桃書房。
- 矢作敏行（編著）（2011）『日本の優秀小売企業の底力』日本経済新聞出版社。
- 楊陽（2011）「グローバルリテーラーの海外進出戦略に関する研究―カルフールとイオンの中国進出戦略の事例分析を中心として―」『専修社会科学論集』専修大学 PP. 76-160。
- 楊陽（2012）「中国政府の行政介入による小売業態の多様化」『企業経営研究』日本企業経営学会　第15号　PP. 61-74。
- 楊陽（2012）「中国市場における小売業態の多様化の発展プロセス―外資系小売企業の進出を中心として―」『専修マネジメントジャーナル』専修大学経営研究所 PP. 57-68。
- 林国本（2012/8/7）「中国企業、日本企業買収で現地市場進出を加速（後編）」http://j.people.com.cn/94476/7901591.html。
- 渡辺達朗（公益財団法人、流通経済研究所）（編）（2013）『中国流通のダイナミズム―内需拡大期における内資系企業と外資系企業の競争』白桃書房。

終章

- Siebers, L. Q. (2011) Retail Internationalization in China : Expansion of Foreign Retailers, Palgrave Macmillan.
- 柯麗華（2007）『現代中国の小売業』創成社。
- 近藤公彦（2010）「業態研究のフロンティア―革新の組織能力の視点から―」『日本商業学会第60回全国研究大会報告論集』日本商業学会。
- 南方建明（2013）『流通政策と小売業の発展』中央経済社。
- 向山雅夫、崔相鉄（編著）（2009）『小売企業の国際展開』中央経済社。
- 矢作敏行（2013）「小売業とイノベーション」、石原武政（2013）「小売業態論・イノベーション研究の課題」『日本商業学会第63回全国研究大会　報告集』日本商業学会。

・李飛等（2009）『中国小売業対外開放研究』経済科学出版社。

付録１．主要都市出店規制

	商業計画の有無	商業計画の名称	作成年	関連規定	出店に関する規制	規制の内容
北京市	有	北京市第11期5ヵ年計画時期商業発展計画	2006年	2007年北京市流通発展分類指導目録	○（関連規定）	地域での出店規制あり。 ①営業面積6000平方米以上の大型スーパー、倉庫型会員制小売、ホームセンター（増築を含む）の２環路以内の建設。 ②建築面積の１万平方メートル以上の大規模小売業、卸売業の三環路以内での建設、改修、拡張。 ③５万平方メートル以上の大規模小売業、卸売業の東、西、北５環路、南四環路以内での建設、改修、拡張。
成都市	有	成都市商業ネットワーク発展計画	2006年	・成都市国民経済と社会発展第10期五年計画 ・成都市全体計画（2003～2020）	○	基本的に、大型店舗（5000平米以上）に対し、適切な分布を要求する：半径２～４kmに１店舗。 区画によって、奨励する業態は異なる。
武漢市	有	武漢市商業ネットワーク発展計画	2006年	・武漢市全体計画	○	■店舗数 ・10万平米以上のショッピングセンター：４店舗 ・3000平米以上の総合スーパー：120店舗 ・3000平米以上の家電、建材、アパレル、車などの専門店80店舗 ・コンビニストア、専門店2000店舗

					・5000平米以上の百貨店：35店舗 ■店舗分布制限 大型ショッピングセンター：半径10キロ 総合スーパー：半径2キロ スーパー：半径0.5キロ コンビニ：半径100M ■店舗面積5000平方以上は環境、安全、交通影響などの影響評価が必要。
西安市	有	西安市商業ネットワーク発展計画	2004年	・西安市国民経済と社会発展第10期五年計画	○	・中心部は専門店を推進し、大型スーパーを制限する。 ・二環三環などは中型百貨店、専門店、スーパー、コンビニ、外食、娯楽施設を奨励する。大型ショッピングセンター、建材市場などは制限ある。
天津市	有	天津市商貿流通業発展第11期五年計画	2006年		○	・2010年大型百貨店20店舗 ・2010年大型ショッピングモール3店舗 ・2010年大型スーパー80店舗 ・2010年コミュニティショップ200店舗 ・2010年天津周辺町に小型日常生活用品3000店舗、スーパー15店舗
瀋陽市	有	瀋陽市商業ネットワーク発展計画	2003年		○	・都市の全体発展計画と相違のないこと。 ・市場と小売の分布の最適化重視、過度集中を避ける。 ・ショッピングセンター、総合スーパーは発展重点50万平方M以上ショッピングモール1店舗、6万平方〜20万平方Mのショッピングセンター6店舗以内、総合スーパー：20万人に1店舗、全市35店舗まで。

都市	有無	計画	年	指導意見	規定	内容
上海市	有	上海商業発展第10期5ヵ年商業発展計画綱領	2004年	上海市小売商業・サービス業のネットワーク配置の指導意見	○（関連規定）	・環状線内における大型店（5000平米規模）出店の際の公聴会の設置の義務付け。地域を8つのタイプ（中心商業地、住宅地）に分け、それぞれにおける奨励商業と、非奨励商業を規定。
広州市	有	広州市商業ネットワーク発展計画	2004年	広州市大型小売商業ネットワーク計画	○（関連規定）	・店舗数の総数の制約あり。2012年まで大型店舗を152店以内に抑制（うち、大型百貨店は30店以内、倉庫型会員制小売は8店舗以内、大型専門店30店以内、大型総合スーパー60店程度、大型ショッピングセンター9店以内、ネイバー型ショッピングモール15店以内）また、今後の大型店建設の総数を地区ごとに割り振っている。

出所：株式会社ヴィクサス（2010/6/23）「チャンスをつかめ！中国小売市場－中国小売市場の現状と中国進出のポイント」、各地方政府のホームページより抜粋。

付録2．アンケート用紙

中国小売市場における消費者の
購買行動に関するアンケート調査

一．お客様ご自身のことについてお尋ねします。選択肢（□）にチェック（✓）印をお付けください。

1. 性別：　　□男性　　□女性
2. 年齢：　　□10代　　□20代　　□30代
　　　　　　□40代　　□50代　　□60代以上
3. 結婚可否：□未婚　　□既婚
4. 家族構成：□1人　　□2人　　□3-4人　　□5人以上
5. 学歴：　　□中卒　　□高卒　　□短大　　□大卒　　□大学院卒
6. 職業：　　□公務員　　□会社員　　□主婦　　□自営業　　□定年／就活中
　　　　　　□学生　　□文化／教育／医療／研究員などの専門職
　　　　　　□営業／セールス／保険　　□工場作業員
　　　　　　□その他（詳細＿＿＿＿＿＿＿＿＿＿＿＿）
7. 家族年収：□2万元以下　　　□2-5万元
　　　　　　□5-10万元　　　□10-15万元　　□15-20万元
　　　　　　□20-30万元以上　□30万元以上

二．お客様の消費スタイルについてお尋ねします。選択肢（□）にチェック（✓）印をお付けください。

1. 過去3ヵ月で最もよく利用した小売業態をお教えください（一つお選びください）。
　　□総合スーパー　　□百貨店　　　　　　□スーパーマーケット
　　□専門店　　　　□コンビニエンスストア　□メンバーズストア
2. お客様が上記に選択した小売企業についての満足度をお尋ねします。

　　大変悪い　　←　　どちらともいえず　　→　　大変よい
　　　1　　2　　3　　4　　5　　6　　7

3．上記選択した小売企業は2004年以前の小売環境と比べ、利用するのが便利になっているのか。（WTO完全開放）

大変悪い　　　←　　　どちらともいえず　　　→　　　大変よい
　1　　　2　　　3　　　4　　　5　　　6　　　7

4．上記選択した小売企業の利用頻度をお教えください。
　□週1回　□週2回　□週3回　□週4回以上　□毎日
　□2週間1回

5．上記選択した小売企業で買い物する際に、どのぐらいの購買時間が必要なのか。
　□15分以内　□15-30分　□30-45分　□45-60分　□60分以上

6．上記選択した小売企業はどのような企業なのか。
　□国営小売企業　□外資系小売企業　□地元企業　□良く知らない

7．上記選択した小売企業に行く際によく利用する交通手段は何か。
　□歩く　□自転車　□電車　□バス　□タクシー　□自家用車
　□会社用車　□小売企業の路線バス　□その他（　　　　　）

三、お客様が上記に選択した小売企業についてお尋ねします。
　　選択肢（数字）にチェック（✓）印をお付けください。

	大変悪い	悪い	やや悪い	どちらともいえず	やや良い	良い	大変良い
1．店舗について							
店内の清掃状況	1	2	3	4	5	6	7
店内の雰囲気（装飾など）	1	2	3	4	5	6	7
店内の明るさ	1	2	3	4	5	6	7
2．買い物環境について							
立地	1	2	3	4	5	6	7
店員の対応	1	2	3	4	5	6	7

店舗のレイアウト	1	2	3	4	5	6	7
営業時間	1	2	3	4	5	6	7
駐車場の便利性と大きさ	1	2	3	4	5	6	7
レジの待ち時間	1	2	3	4	5	6	7
店舗ポイント利用の便利性	1	2	3	4	5	6	7
クレジットカードの使用	1	2	3	4	5	6	7
ワンストップショッピングできる	1	2	3	4	5	6	7
送迎バス（送迎バス有無／時間）	1	2	3	4	5	6	7
3．商品について							
ブランド商品の品揃え	1	2	3	4	5	6	7
PB商品の品揃え	1	2	3	4	5	6	7
価格	1	2	3	4	5	6	7
商品の安全性（信頼性）	1	2	3	4	5	6	7
生鮮食品の鮮度（生鮮食品がある場合）	1	2	3	4	5	6	7
特売商品	1	2	3	4	5	6	7
商品の在庫	1	2	3	4	5	6	7
商品に対する返品・返金の制度	1	2	3	4	5	6	7
輸入品の扱い	1	2	3	4	5	6	7
商品の品質や味	1	2	3	4	5	6	7
珍しい、こだわり商品	1	2	3	4	5	6	7
商品に対する店内での情報提供	1	2	3	4	5	6	7

付録3．2012年中国小売企業ランキング

(売上高単位：億元)

	企 業 名	売上高	店舗数
1	蘇寧電器雲商集団股份有限公司	1240.00	1705
2	百聯集団有限公司	1220.52	5147
3	国美電器有限公司	1174.80	1685
4	華潤万家有限公司	941.00	4423
5	康成投資（中国）有限公司（大潤発）	724.70	219
6	ウォルマート（中国）投資有限公司	580.00	395
7	重慶商社（集団）有限公司	544.95	327
8	ヤム・ブランズ中国事業部	522.00	5200
9	山東省商業集団有限公司	493.81	526
10	カルフール（中国）管理諮詢服務有限公司	452.74	218
11	大商股份有限公司	372.75	170
12	農工商超市（集団）有限公司	303.03	2734
13	永輝超市股份有限公司	279.30	249
14	武漢武商集団股份有限公司	268.00	98
15	宏図三胞高科技術有限公司	264.56	482
16	中百控股集団股份有限公司	262.16	948
17	石家庄北国人百集団有限責任公司	254.16	198
18	ベストバイ	241.85	252
19	長春欧亜集団股份有限公司	241.45	58
20	海航商業控股有限公司	240.00	448
21	北京王府井百貨（集団）股份有限公司	215.74	28
22	利群集団股份有限公司	213.97	736
23	天虹商場股份有限公司	203.74	59
24	テスコ（中国）投資有限公司	200.00	111

25	パークソン　百盛	197.24	48
26	文峰大世界連鎖発展股份有限公司	194.91	995
27	煙台市振華百貨集団股份有限公司	190.66	109
28	金鷹国際商貿集団（中国）有限公司	186.69	28
29	山東家家楽集団有限公司	181.88	595
30	新一佳超市有限公司	180.00	116
31	歩歩高集団公司	179.08	289
32	メトロ現購自運有限公司	179.00	64
33	北京物美商業集団股份有限公司	173.34	538
34	安徽省徽商集団有限公司	172.42	2564
35	合肥百貨大楼集団股份有限公司	169.00	190
36	ロッテマート	163.18	99
37	銀泰百貨（集団）有限公司	163.08	30
38	オーシャン（中国）投資有限公司	163.05	54
39	新世界百貨中国有限公司	160.00	39
40	人人楽連鎖商業集団股份有限公司	151.10	131
41	北京華聯総合スーパー股份有限公司	145.00	130
42	北京首商集団股份有限公司	143.74	17
43	山東濰坊百貨集団股份有限公司	131.86	499
44	茂業国際控股有限公司	129.49	39
45	新華都購物広場股份有限公司	128.67	124
46	北京京客隆商業集団股份有限公司	128.09	241
47	北京菜市口百貨股份有限公司	127.00	15
48	遼寧興隆大家庭商業集団	125.18	30
49	武漢中商業集団股份有限公司	125.11	48
50	卜蜂蓮花有限公司	124.93	57
51	鄭州丹尼斯集団	122.00	144

52	広州屈臣氏個人用品商店有限公司	120.00	1500
53	江蘇華地国際控股集団有限公司	115.35	45
54	万達百貨有限公司	111.78	57
55	中国石華銷售有限公司	110.17	20891
56	広州市広百股份有限公司	105.70	30
57	山東新星集団有限公司	105.32	655
58	北京迪信通商貿股份有限公司	101.25	1440
59	上海如家酒店管理有限公司	98.23	1772
60	マクドナルド（中国）有限公司	90.00	1500
60	北京楽語世紀通訊設備連鎖有限公司	90.00	1900
62	イオン	80.83	36
63	中国石油銷售公司（昆侖好客便利店）	80.00	13000
64	宜家家居	76.34	11
65	イトーヨーカ堂（中国）	74.87	13
66	湖南友誼阿波羅控股股份有限公司	74.41	8
67	成都紅旗連鎖股份有限公司	72.82	1336
68	南京中央商場股份有限公司	68.00	8
69	中国春天百貨集団有限公司	63.41	16
70	済南華聯商厦集団股份有限公司	61.13	26
71	三江購物クラブ股份有限公司	56.00	146
72	北京翠微大厦股份有限公司	55.57	6
73	卓展集団控股有限公司	52.80	4
74	邯鄲市陽光百貨集団総公司	52.12	132
75	長沙通程控股股份有限公司	51.00	69
76	広東嘉栄スーパー有限公司	49.19	73
77	広州友誼集団股份有限公司	49.12	6
78	阜陽華聯集団股份有限公司	48.23	748

79	山東全福元商業集団有限責任公司	46.45	171
80	北京市順義国泰商業大厦	46.19	14
81	山西美特好連鎖スーパー股份有限公司	45.54	76
82	湖南佳恵百貨有限責任公司	44.51	239
83	青島維客集団股份有限公司	43.56	9
84	信誉楼百貨集団有限公司	42.00	21
85	広東大参林連鎖薬店有限公司	41.80	1210
86	浙江人本スーパー有限公司	41.52	1159
87	百佳スーパー（中国区）	40.77	51
88	北京スーパー発連鎖股份有限公司	40.32	131
89	老百姓大薬房連鎖有限公司	40.26	650
90	一丁集団股份有限公司	38.29	391
91	深圳市海王星辰医薬有限公司	36.96	2883
92	青島利客来集団股份有限公司	36.62	421
93	四川省互恵商業有限責任公司	36.12	1203
94	十堰市新合作スーパー有限公司	36.11	2068
95	加貝物流股份有限公司	35.60	359
95	重慶和平薬房連鎖有限責任公司	35.60	2610
97	中国全聚徳（集団）股份有限公司	33.04	91
98	江蘇新合作常客隆連鎖スーパー有限公司	33.01	1002
99	内モンゴル民族商場有限責任公司	33.00	4
100	雄風集団有限公司	32.95	143
上位100社合計		18664.79	93983

出所：中国チェーン経営協会（2013/4/17）「2012年中国チェーンストア（売上高ベース）上位100社ランキング」中国チェーン経営協会サイト。

楊　陽（YANG YANG）

略歴
2007年7月　中国長春工業大学　　　外国語学部卒業　学士（文学）
　　　　　　　　　　　　　　　　　　経済管理学部卒業　学士（経済学）
2008年3月　日本新潟経営大学　　　経営情報学部卒業　学士（経営情報学）
2010年3月　専修大学大学院　　　　経営学研究科修士課程修了
　　　　　　　　　　　　　　　　　　修士（経営学）
2010年6月　専修大学経営研究所　　準所員
2014年3月　専修大学大学院　　　　経営学研究科博士課程修了
　　　　　　　　　　　　　　　　　　博士（経営学）

現在
2014年4月　専修大学　経営学部　助教
　　　　　　東京工科大学　コンピュータサイエンス学部　非常勤講師
2014年6月　専修大学経営研究所　所員

変化する中国の小売業
―小売業態の発展プロセス―

2015年2月28日　第1版第1刷

著　者　　楊　陽
発行者　　田中　實
発行所　　専修大学出版局
　　　　　〒101-0051　東京都千代田区神田神保町3-10-3
　　　　　　　　　　　　　㈱専大センチュリー内
　　　　　電話　03-3263-4230㈹
装　丁　　本田　進
印　刷
製　本　　株式会社　加藤文明社

Ⓒ Yang Yang　2015　Printed in Japan
ISBN 978-4-88125-295-6